ADAC

Madeira

und Porto Santo

von Oliver Breda

10 **ADAC Top Tipps**

Das müssen Sie gesehen haben! Die zehn Top Tipps bringen Sie zu den absoluten Highlights.

25 **ADAC Empfehlungen**

Unterwegs gut beraten: Diese 25 ausgesuchten Empfehlungen machen Ihren Urlaub perfekt.

Preise für ein DZ mit Frühstück:
€ | bis 50 €
€€ | bis 110 €
€€€ | ab 110 €

Preise für ein Hauptgericht:
€ | bis 10 €
€€ | bis 20 €
€€€ | ab 20 €

3-mal draußen

1 Madeira mit dem Rad

Madeira ist ein Paradies für Radfahrer. Inzwischen ist eine Infrastruktur entstanden, die sowohl für Genussradler als auch Profisportler attraktiv ist. Viele Agenturen bieten gut gewartete Straßenräder, Mountain- und E-Bikes, mit denen sich Pass- und Küstenstraßen sowie Pisten im Gelände erkunden lassen. Entweder stehen ausführliche Tourenbeschreibungen zur Verfügung oder aber gut geschulte Radguides zeigen die schönsten Strecken.

■ Verleih und geführte Touren z. B. bei E-Bike Madeira in Funchal, www.ebikemadeira.com, oder Albano Aktiv, in Caniço, www.bikestation-madeira.com

2 Auf Vogeltour

Der Madeira-Sturmvogel (Pterodroma madeira) ist eine seltene, endemische Seevogelart. Etwa 80 Paare brüten im zentralen Bergland der Insel. Eine Besonderheit ist eine Nachtexpedition zu den Brutplätzen. Die ansonsten stummen Vögel rufen nur zur Brutzeit im Frühjahr. Tagsüber lassen sich das ganze Jahr über Waldvögel beobachten. Nacht- und Tagestouren zur Vogelbeobachtung offeriert Madeira Birdwatching.

■ www.madeirawindbirds.com

3 Wandernd durch Urwälder

Knapp 30 offizielle Wanderwege sind auf dem Archipel markiert. Sie erschließen die unterschiedlichsten Naturräume, von der Küste bis in die höchste Gipfelregion. Neben Klassikern gibt es auch weniger begangene attraktive Touren: Die Vereda do Fanal (PR 13) zum Beispiel erschließt ein herrliches Lorbeerwaldgebiet, ebenso der Caminho do Norte (PR 21).

■ Wegbeschreibungen und Kartendownloads unter www.visitmadeira.com/de-de (siehe Nützliche Infos, Wanderungen)

Intro

3-mal draußen ... 2
Impressionen ... 6
Auf einen Blick ... 9

ADAC Quickfinder

Das will ich erleben ... 10

Hier finden Sie die Orte, Sehenswürdigkeiten und Attraktionen, die perfekt zu Ihnen passen.

Unterwegs

Funchal und der sonnenverwöhnte Südosten ... 16
1 Funchal ... 18
2 Jardim Botânico da Madeira ... 34
3 Monte ... 35
4 Palheiro Gardens ... 37
5 Câmara de Lobos ... 38
6 Cabo Girão ... 39

7 Curral das Freiras ... 41
8 Camacha ... 42
9 Santo António da Serra ... 44
10 Caniço ... 45
11 Santa Cruz ... 47
12 Machico ... 48
13 Caniçal ... 53
14 Ponta de São Lourenço ... 54
Übernachten ... 56

Der Nordosten und das zerklüftete Hochgebirge ... 58
15 Porto da Cruz ... 60
16 Faial ... 62
17 São Roque do Faial ... 62
18 Ribeiro Frio ... 63
19 Pico do Arieiro ... 65
20 Santana ... 67
21 Queimadas ... 68
22 Pico Ruivo (de Santana) ... 69
23 São Jorge ... 70
24 Arco de São Jorge ... 71
25 Boaventura ... 71
26 Ponta Delgada ... 72
Übernachten ... 73

Der warme und ländliche Südwesten ... 74
27 Quinta Grande ... 76
28 Ribeira Brava ... 76
29 Ostflanke des Ribeira-Brava-Tals ... 78
30 Lugar de Baixo ... 78
31 Ponta do Sol ... 79
32 Madalena do Mar ... 81
33 Calheta ... 82
34 Prazeres ... 85
35 Jardim do Mar ... 86

36 Paúl do Mar ... 87
37 Fajã da Ovelha ... 88
38 Ponta do Pargo ... 89
39 Cabo (Sítio do Cabo) ... 89
Übernachten ... 90

Der Nordwesten und Paúl da Serra ... 92
40 Achadas da Cruz ... 94
41 Santa Maria Madalena ... 95
42 Porto Moniz ... 95
43 Ribeira da Janela ... 97
44 Seixal ... 98
45 Chão da Ribeira ... 99
46 São Vicente ... 99
47 Boca da Encumeada ... 102
48 Bica da Cana ... 102
49 Rabaçal ... 102
50 Fanal ... 105
Übernachten ... 107

Porto Santo und Ilhas Desertas ... 108
51 Vila Baleira ... 110
52 Campo de Baixo ... 115
53 Pico do Castelo ... 115
54 Camacha ... 116
55 Serra de Dentro und Serra de Fora ... 117
56 Ilhas Desertas ... 119
Übernachten ... 120

Zu diesen Orten und Sehenswürdigkeiten finden Sie Detailkarten im Innenteil des Reiseführers.

Service

Madeira von A–Z ... 122

Alle wichtigen reisepraktischen Informationen – von der Anreise über Notrufnummern bis hin zu den Zollbestimmungen.

Festivals und Events ... 126
Chronik ... 136
Mini-Sprachführer ... 137
Alle Blickpunkt-Themen in diesem Band ... 138
Register ... 138
Bildnachweis ... 141
Impressum ... 142
Mobil vor Ort ... 144

Umschlag:

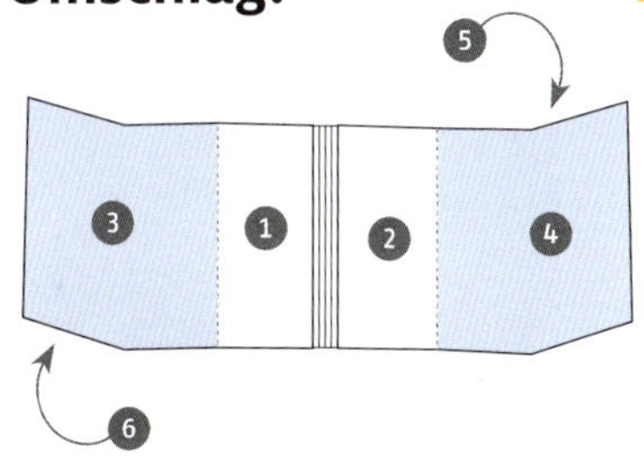

ADAC Top Tipps: Vordere Umschlagklappe, innen 1
ADAC Empfehlungen: Hintere Umschlagklappe, innen 2

Übersichtskarte Madeira West: Vordere Umschlagklappe, innen 3
Übersichtskarte Madeira Ost: Hintere Umschlagklappe, innen 4
Stadtplan Funchal: Hintere Umschlagklappe, außen 5
Ein Tag in Funchal: Vordere Umschlagklappe, außen 6

Gärten, Berge, Wälder in den Weiten des Atlantiks

Tropische Blütenpracht prägt Städte und Dörfer, urwüchsiger Lorbeerwald und Berge bilden den Kontrast

Zu den 25 Quellen führt einer der beliebtesten Wanderwege Madeiras

Weit draußen im Meer liegt der Archipel Madeira. Zwei bewohnte Inseln, wie sie landschaftlich unterschiedlicher kaum sein könnten, bilden die Inselgruppe: Madeira ist grün und in den hohen Lagen von dichtem Lorbeerwald überzogen – übersetzt bedeutet der Name »Holz« –, während das trockene Porto Santo mit seinem langen Strand die Wüste verkörpert.

Tropische Gärten auf Madeira, Wüste auf Porto Santo

Das Image als Blumeninsel zieht viele Besucher nach Madeira. Gewächse aus der ganzen Welt gedeihen hier auf engstem Raum. Jedes Fleckchen ist bepflanzt, und die Herrschaftshäuser liegen in tropischen Gärten. Exotische Pflanzen galten lange als Statussymbol, auf Madeira sind sie es bis heute. Das Farbenfrohe, die Formenvielfalt, das nicht Alltägliche haben Menschen auf die Insel gebracht. Die heimische Vegetation ist vor allem grün, in sämtlichen Schattierungen. Ein Urwald bedeckt große Teile der Täler und Höhen. Über den Bäumen ragen steile Gipfel himmelwärts, die von alten Verbindungswegen erschlossen werden. Leichter

sind dagegen die Wege entlang der offenen Wasserkanäle zu begehen. Sie heißen Levadas und durchziehen mit geringem Gefälle weite Teile der Insel. Wanderer gelangen so ohne große Mühe in die unzugänglichsten Gebiete.

Wer Natur, Wind und Wetter liebt, findet auf Madeira stets seinen Platz. Der Norden ist rau, zerzaust vom Nordostpassat, der Süden sonnig und warm. Das Wetter ist das ganze Jahr über angenehm: nicht zu warm, selten zu kalt. Dann Funchal, die Großstadt mit gepflasterten Gassen. Im Zentrum hat sie sich ihren alten Charme bewahrt.

Ganz anders zeigt sich Porto Santo. Die Hauptstadt hat dörflichen Charakter, die Insel ist wüstenhaft und ländlich. Ihr Kapital ist der lange Sandstrand.

Wälder und Wasserwege

Kein Autor schreibt über Madeira, ohne von der Blütenpracht zu schwärmen. Kein Bericht kommt ohne die Levadas aus. Tatsächlich kommen die meisten Besucher auf die Insel, um in üppigen

Der natürliche Sandstrand von Porto Santo (unten) – Farbenpracht auf der Festa da Flor in Funchal (ganz unten)

> *Wir sahen immer mehr Bäume, die Luft wurde immer kühler. Es schien, als bestiegen wir einen großen Berg, so änderte sich unser Fühlen immerzu.*
>
> *João de Nóbrega Soares, madeirischer Zeitungsverleger, 1859 über die Levadas von Rabaçal*

Gärten zu weilen und entlang der Wasserkanäle zu wandern. Schon seit dem 18. Jh. sind die Levadas von Rabaçal Ziel von Urlaubern und Wanderern. Besuchermagnete sind auch der Jardim Botânico da Madeira bei Funchal, der Jardim Tropical Monte Palace und die Palheiro Gardens der englischen Weinhändlerfamilie Blandy. Ganz Funchal wird von exotischer Blütenpracht überzogen. Die Stadt lockt außerdem mit malerischen Gassen. Die geschnitzte Holzdecke der Kathedrale ist ebenso beeindruckend wie die Markthalle mit ihrem tropischen Angebot.

Landschaftliche Höhepunkte sind die steilen Küsten rund um die Insel. Der Cabo Girão ist eine der höchsten Klippen Europas. Am Westkap in Ponta do Pargo steht ein Leuchtturm auf einer über 300 m hohen Felsnase, die senkrecht ins Meer fällt. Eindrucksvolle Blicke ergeben sich vom hohen Pico do Arieiro oder dem spektakulären Aussichtspunkt Eira do Serrado, der über dem Felskessel von Curral das Freiras thront. Große Teile von Madeiras Norden sind von Lorbeerwald bedeckt. Seit 1999 ist er Welterbe der UNESCO. Stille, Mystik und dunkles Grün umschließen die Besucher. Zum Baden bieten sich Felsbecken an. In Porto Moniz wurde sogar ein erkalteter Lavastrom in ein Freibad integriert.

Terrassenanbau an der Steilküste von Cabo Girão

Mit einem kilometerlangen Sandstrand wartet die Insel Porto Santo auf. Der Sand soll heilende Wirkung haben, was jedoch nicht erwiesen ist.

Vom Wesen der Insulaner

Madeira und Porto Santo sind ländlich geprägt. Lange Zeit basierte das Einkommen der Bewohner auf der Landwirtschaft. Über Generationen war ihr Leben mühsam und arbeitsreich, ein steter Kampf mit dem Wetter, mit dichten Wäldern und steilen Hängen. Auf den ersten Blick mögen die Bewohner wortkarg, stur oder gar abweisend erscheinen. Tatsächlich sind sie zurückhaltend freundlich und wenig aufbrausend. Gebrüll hört man auf den Straßen selten. Schnelle Freundschaften werden kaum geschlossen, man lässt sich Zeit, beschnuppert den anderen, in Unterhaltungen zählt das Understatement. Hat man aber das Herz eines Madeirers erobert, bleibt es lange offen, auch nach dem einen oder anderen Fauxpas.

Die Lebenskonzepte zwischen der Stadtbevölkerung in Funchal und der Landbevölkerung im Rest der Insel oder auf Porto Santo unterschieden sich schon immer stark. Erst durch den intensiven Straßenbau sind die Menschen näher zusammengerückt. Die Stadt war plötzlich erreichbar, nicht mehr fern. Wer die Einheimischen in ihrer Umgebung treffen möchte, besucht am besten einfache Bars oder Cafés, wo auf die Schnelle ein Espresso im Stehen hinuntergekippt wird. Sonntags ist Familientag. Picknickplätze füllen sich, im Sommer trifft man sich am Strand, und sei es nur ein schmaler, grobkiesiger. Es wird gegessen, getrunken und beisammengesessen.

Hauptstadt *Funchal*

Sprache *Portugiesisch; in Urlaubsgebieten wird Englisch, teilweise auch Deutsch verstanden*

Währung *Euro*

Fläche *Madeira 758,5 km², das entspricht in etwa der Größe Hamburgs; Porto Santo 43 km²*

Einwohner *250 000 auf Madeira, 5200 auf Porto Santo*

Staatsform *Portugal ist eine parlamentarische Republik, der Archipel Madeira »Região Autónoma« mit Selbstverwaltungsrechten*

Tourismus *Briten und Deutsche machen jeweils knapp 30 %, Franzosen knapp 10 % der Touristen aus*

Religion *91 % Katholiken, 6,5 % andere Religionen, 2,5 % religionslos*

Zeitzone *Westeuropäische Zeit (WEZ) = MEZ -1 Std.*

Berühmtester Sohn der Insel *Weltfußballer Cristiano Ronaldo*

Madeiras Exportschlager *Bananen – rund 20 000 t produziert die Insel im Jahr*

Wasserwege *Über 1500 km Levadas durchziehen die Insel*

Kreuzfahrtschiffe *Knapp 300 legen jedes Jahr in Funchal an*

Lorbeeren *20 % von Madeira sind mit Lorbeerwald bedeckt*

Das will ich erleben

Die Blumeninsel Madeira ist gebirgig. Auf knapp 760 km² türmt sie sich über 1800 m auf. Blumenfreunde und Wanderer kommen auf ihre Kosten. Subtropische und tropische Blütenpracht erfreuen den Besucher an der Südküste, die höheren Lagen und der Norden sind von Lorbeerwäldern überzogen. Die Küste fällt steil ins Meer. Sie erlaubt eindrucksvolle Ausblicke. Über 1500 km Wasserkanäle versorgen die Bauern und bieten dem Wanderer angenehme Wege. Altertümlichen Charme verströmt die Großstadt Funchal. Zum Baden bietet sich ein Abstecher nach Porto Santo an.

Erkundungen entlang den Levadas

Die Wasserkanäle sind die Lebensadern der Insel. Sie versorgen die Felder an den steilen Hängen zuverlässig mit Wasser, treiben Wasserkraftwerke an und bieten eine leichte Möglichkeit, die Insel zu Fuß zu erkunden. Die ältesten Levadas befinden sich im Gebiet von Rabaçal. An der Südküste passiert eine ganze Reihe neuerer Levadas sonnige Hänge.

31 Lombada da Ponta do Sol ... 81
Abenteuerliche Levada do Moinho

34 Prazeres ... 85
Genussvolles Schlendern entlang der Levada Nova

49 Rabaçal ... 102
Altes Levada-System aus dem 19. Jh.

Pflanzenvielfalt in den Gärten

Exotische Pflanzen galten lange als Statussymbol. Schon im 16. Jh. brachten die Entdeckungsfahrer die ersten Gewächse aus Asien, Afrika und Amerika auf die Insel. Briten gestalteten Gärten nach ihren heimischen Vorbildern und importierten allerlei Exoten.

1 Jardim Municipal, Funchal ... 22
Stadtgarten in ganzjähriger Blütenpracht

2 Jardim Botânico da Madeira ... 34
Pflanzenfülle auf engstem Raum

3 Jardim Tropical Monte Palace, Monte ... 35
Verspielter Garten in kühler Höhe

4 Palheiro Gardens ... 37
Englische Gartenbaukunst einer Weinhändlerfamilie

Edler Madeirawein

Der Madeirawein erholt sich allmählich von seinem angestaubten Image. Vielfach hat eine junge Generation die Produktion und das Marketing übernommen. Dennoch verströmt der Wein noch immer eine aristokratische Noblesse. Von den Einheimischen wird er gern zu besonderen Anlässen getrunken.

1 **Blandy's Wine Lodge, Funchal** 23
Altehrwürdige Weinkellerei (Bild rechts)

1 **Adegas Pereira d'Oliveira, Funchal** 30
Wein von fünf Weinproduzenten

1 **Festa do Vinho, Funchal** 32
Madeirawein in den Straßen der Inselhauptstadt

Einkaufen auf authentischen Märkten

In einigen Dörfern haben sich Wochenmärkte nach alter Manier erhalten. Farbenfroh zeigen sich die Stände in der Markthalle von Funchal. Auch wenn hier mehr Touristen als Einheimische einkaufen, ist der Besuch ein Erlebnis.

1 **Mercado dos Lavradores, Funchal** 26
Die Markthalle ist vormittags quirlig

5 **Estreito de Câmara de Lobos** 39
Hier kaufen am Sonntag die Einheimischen ein

9 **Mercado de Domingo, Santo António da Serra** 45
Uriger Bauernmarkt am Sonntag wie in alten Zeiten

Manuelinische Baukunst

In der Regierungszeit Manuels I. (1495–1521) entstand ein Baustil, der durch verspielte Verzierungen heraussticht. Portugal erlangte unter Manuel I. großen Reichtum durch den Zuckerhandel, was sich auf Madeira noch mancherorts, vor allem in Funchal, in der Architektur widerspiegelt.

1 **Sé do Funchal** 24
Kathedrale mit gedrehten Türmen (Bild rechts)

1 **Quinta das Cruzes, Funchal** 26
Im Garten stehen manuelinische Fensterrahmen

12 **Igreja de Nossa Senhora da Conceição, Machico** 49
Die Pfarrkirche hat ein Portal aus der Zeit von Manuel I.

Barocke Kunst

Die meisten Kirchen auf Madeira wurden mehrfach restauriert und nach der herrschenden Mode umgestaltet. Viele Altäre glänzen in prächtigem Barock.

1 **Igreja do Colégio, Funchal** 25
Golden glänzende Altäre

12 **Igreja de Nossa Senhora da Conceição, Machico** 49
Im Innern eine Mischung aus Barock und Manierismus

26 **Igreja Senhor Bom Jesús, Ponta Delgada** 72
Barocke Pfarrkirche mit modernem Deckengemälde

Spießessen auf dem Land

Eines der Traditionsgerichte auf Madeira ist die »espetada«, Rindfleisch, das, nur mit Knoblauch, grobem Salz und Lorbeer gewürzt, am Spieß gegrillt wird. In manchen Restaurants wird über offenem Holzfeuer gegart. Dazu gibt es »milho frito« (gebackener Maisgrieß) und Salat.

5 **Restaurante Santo António, Câmara de Lobos** 39
Hier gibt es den Spieß, wie es sich gehört

7 **Snack Bar O Lagar, Curral das Freiras** 42
Spießessen, umgeben von hohen Bergen

12 **Restaurante Portela Á Vista, Machico** 53
Spießessen mit Aussicht

In felsigem Gelände wandern

Madeira lässt das Herz jedes Wanderers oder auch Bergsteigers höherschlagen. Die Möglichkeiten sind vielfältig: Vom einfachen Spaziergang bis zur anspruchsvollen Gebirgstour ist alles möglich. Alte Verbindungswege verlaufen an der steilen Küste, wo die Insel vielerorts geradezu alpines Gelände bietet.

14 **PR 8, Ponta de São Lourenço** 55
Gut präparierter Wanderweg an der felsigen Ostspitze

19 **Pico do Arieiro** 65
Anspruchsvolle Bergtour auf den höchsten Gipfeln

34 **PR 19, Prazeres** 86
Auf einem alten Pflasterweg ans Meer

Am Strand liegen

Selbst auf dem bergigen Madeira lässt es sich entspannt am Meer liegen. Sandstrände sind zwar selten, aber es gibt sie. Häufiger sind Badeanlagen in bizarrer Felskulisse. Auf Madeira sind viele Strände aufgeschüttet. Den schönsten natürlichen Strand bietet Porto Santo.

13 Prainha, Caniçal 54
Einer der wenigen natürlichen Sandstrände

33 Calheta 82
Geschützte Bucht mit hellem Sand aus der Sahara

42 Piscinas Naturais, Porto Moniz 96
Baden in herrlichen Felsbecken

51 Praia do Porto Santo, Vila Baleira 111
Kilometerlanger feiner, heller Sand

Uriger Lorbeerwald

Der Lorbeerwald von Madeira ist UNESCO-Weltnaturerbe. An einigen Stellen wachsen Bäume, die über 500 Jahre alt sind. Sie sind bedeckt von Farnen, Flechten und anderen Gewächsen, die sich auf ihnen eingenistet haben. Bei Nebel ist die Stimmung mystisch.

18 Parque Florestal do Ribeiro Frio 64
Lehrpfad mitten im Lorbeerwald

21 Queimadas 68
Pittoresker Park im dunklen Wald

50 Fanal 105
Hier stehen die ältesten Bäume der Insel

Eindrucksvolle Aussichten

Von den höchsten Lagen bis hinunter ans Meer ergeben sich immer wieder weite Ausblicke. Wie eine spitze Nadel ragt Madeira aus den Tiefen des Atlantiks.

7 Eira do Serrado 42
Blick in den Talkessel des Curral das Freiras

16 Miradouro do Fortim, Faial 62
Vom Aussichtspunkt auf die Nordküste schauen

19 Miradouro Ninho da Manta 65
Die Felsnase liegt zwischen hohen Gipfeln

38 Ponta do Pargo 89
Der höchstgelegene Leuchtturm Portugals

Unterwegs

Vom Portela-Pass schweift der Blick über Porto da Cruz und den Adlerfelsen – im gebirgigen Madeira bieten sich immer wieder solch spektakuläre Aussichten auf die Küste.

Funchal und der sonnenverwöhnte Südosten

Modernität, alter Charme und die meisten Touristenunterkünfte konzentrieren sich im Südosten Madeiras

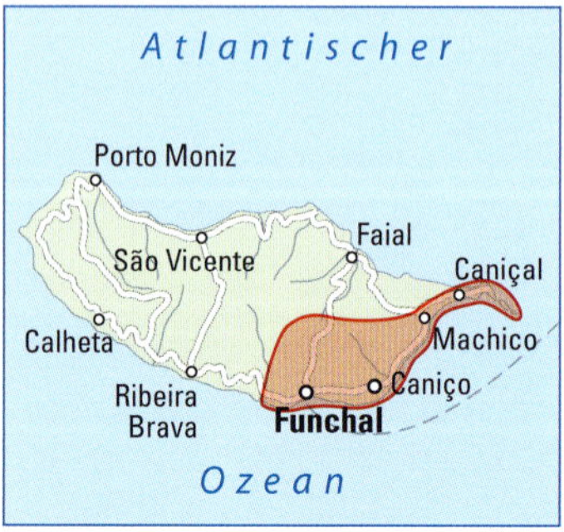

Funchal und Caniço sind die größten Touristenzentren der Insel mit einer guten Infrastruktur.

In diesem Kapitel:

1 **Funchal** 18
2 **Jardim Botânico da Madeira** 34
3 **Monte** 35
4 **Palheiro Gardens** 37
5 **Câmara de Lobos** 38
6 **Cabo Girão** 39
7 **Curral das Freiras** 41
8 **Camacha** 42
9 **Santo António da Serra** 44
10 **Caniço** 45
11 **Santa Cruz** 47
12 **Machico** 48
13 **Caniçal** 53
14 **Ponta de São Lourenço** 54
Übernachten 56

ADAC Top Tipps:

1 Sé do Funchal
| Kathedrale |
Die Kathedrale von Funchal wartet mit einer kunstvollen Holzdecke auf, die aus dem heimischen Zedernwacholder geschnitzt ist. 24

2 Mercado dos Lavradores, Funchal
| Markt |
Farbenfroh zeigt sich die Markthalle von Funchal. Blumenverkäufer erwarten Besucher am Eingang. Auf der Galerie locken exotische Früchte. 26

3 Jardim Tropical Monte Palace, Monte
| Garten |
Der tropische Garten in Monte ist verspielt und verwinkelt. Pflanzen aus der ganzen Welt säumen die verschlungenen Pfade. 35

4 Cabo Girão
| Aussichtspunkt |
An einer der höchsten Steilklippen Europas befindet sich eine begehbare Glasplatte über dem Abgrund. 39

5 Eira do Serrado
| Aussichtspunkt |
Hoch über dem Talkessel von Curral das Freiras bietet die Felsnase Blicke in die Bergwelt. 42

6 Ponta de São Lourenço
| Landschaft |
Am Ostkap der Insel Madeira leuchten die vulkanischen Gesteine in den unterschiedlichsten Brauntönen. 54

ADAC Empfehlungen:

1 CR7 Museu, Funchal
| Museum |
Fußballer Cristiano Ronaldo huldigt sich mit einem Museum. 22

2 Blandy's Wine Lodge, Funchal
| Weinkellerei |
Einer der ältesten Weinproduzenten keltert bis heute Madeirawein. 23

3 Igreja do Colégio, Funchal
| Kirche |
Golden glänzende Altäre. 25

4 Teleférico von Funchal nach Monte
| Seilbahn |
Eine Seilbahnfahrt bietet außergewöhnliche Ausblicke. 27

5 Jardim Botânico da Madeira
| Garten |
Hoch über Funchal zeigt der Botanische Garten Gewächse der Insel. 34

6 Sabores do Curral, Curral das Freiras
| Restaurant |
Dorfküche bei schöner Aussicht. 41

7 Levada da Serra do Faial, Camacha
| Wanderweg |
Auf alten Verbindungswegen. 43

8 Lokoloko, Caniço
| Sportanbieter |
Ein engagiertes Team führt Besucher in die wilde Natur der Insel. 46

9 Marisqueira O Pescador, Machico
| Restaurant |
Frischer Fisch und Meeresfrüchte. 51

10 Museu da Baleia, Caniçal
| Museum |
Einblicke in das Leben der Wale. 54

1 Funchal

Inselmetropole und Großstadt mit altertümlichem Charme

Das bunte, reiche Angebot des Mercado dos Lavradores erfreut das Auge

Information

- Posto de Turismo, Avenida Arriaga 16, 9004-519 Funchal, Tel. 291 14 53 05, www.visitmadeira.pt, Mo–Fr 9–19, Sa, So und Fei 9–15.30 Uhr außer 1. Jan., Ostersonntag und Weihnachten
- Posto de Turismo Pontinha, Gare Marítima Área de desembarque, Piso 1, bei Ankunft von Kreuzfahrtschiffen 8.30–11 Uhr, www.visitmadeira.pt
- Parken: siehe S. 28

Funchal gehört zu den größten Städten Portugals. Im historischen Teil um die Kathedrale und in der Altstadt hat sich die Stadt beschaulichen Charme bewahrt. Entlang der Gassen reihen sich Cafés aneinander. Am besten lässt sich das Geschehen in der verkehrsberuhigten Avenida Arriaga beobachten.

Im ehemaligen Fischerviertel, der eigentlichen Altstadt (»zona velha«), herrscht quirliges Treiben, die Türen der Häuser in der Rua Santa Maria haben ortsansässige Künstler verziert. Flanieren lässt sich auf der neuen Uferpromenade von der Altstadt bis zum Kreuzfahrtterminal.

Westlich des Parque de Santa Catarina schließt sich das Hotelviertel an. In den höher gelegenen Stadtteilen sind die Villenviertel angesiedelt. Einige der herrlichen Gärten sind zugänglich.

Plan
S. 20/21

Die ganze Pracht nahm vor knapp 600 Jahren ihren Anfang. Davor war hier nichts weiter als ein gewaltiger Kessel mit reißenden Flüssen, an deren Ufern wilder Fenchel (port. »funcho«) wuchs. João Gonçalves Zarco gründete die Stadt im Jahr 1424.

Für einen ersten Aufschwung sorgte der Anbau von Zuckerrohr. Die erste Zuckermühle ging Mitte des 15. Jh. in Betrieb. Wo sich heute Hotels, Apartmentkomplexe und Einkaufszentren aneinanderdrängen, waren im 15. und 16. Jh. die Hänge für Zuckerrohrfelder terrassiert. Unter spanischer Herrschaft von 1580 bis 1640 verlor die Stadt an Bedeutung, zudem schmälerte die amerikanische Konkurrenz im Zuckerhandel die Gewinne.

Ab Mitte des 17. Jh. florierte der Weinhandel durch Briten, und 1801 nutzten britische Truppen Madeira als Stützpunkt gegen Frankreich.

Die ersten Unterkünfte für Urlauber entstanden ab Mitte des 19. Jh. 1891 eröffnete der Schotte William Reid das Luxushotel Reid's Palace, das heute noch ein gediegenes Publikum anzieht.

Mit dem Eintritt in die Europäische Gemeinschaft 1986 floss Geld. Damals begann für das wirtschaftlich zurückgebliebene Portugal eine neue Zeit. Auch Madeira und Funchal profitierten enorm. Investiert wurde in den Straßen- und Häuserbau sowie in die Strom- und Wasserversorgung. Allerdings bekam Funchal erst Ende des Jahres 2000 eine Stadtumfahrung.

ADAC Mobil

Das komplette Stadtgebiet bedienen orangefarbene Busse der Gesellschaft **Horários do Funchal** (www.horariosdofunchal.pt).

Im Innenstadtbereich verkehrt die sogenannte Linha Eco. Diese Kleinbusse halten auf Handzeichen. Einzeltickets (1,95 €) können beim Fahrer gekauft werden. Tagesfahrkarten (4,50 €) und Mehrtageskarten besorgt man sich am Fahrkartenschalter in der Rua Artur de Sousa Pinga, Ecke Avenida do Mar e Comunidades Madeirenses, etwa 150 m westlich der Talstation der Seilbahn nach Monte.

Funchal
Estrada Dr. João Abel de Freitas
Rua Dom João
Rua do Deão
Riba de Santa Luzia
Quinta Jardins do Lago
Caminho da Achada
Caminho do Santo Antonio
São João
Hospital
Rua São João
Calçada do Pico
Quinta das Cruzes
Fortaleza de São João do Pico
Jardim Quinta das Cruzes
13
Convento de Santa Clara
Casa-Museu Fr. de Freitas
Beco dos Frias
Rua das Cruzes
Rua do Quebra Costa
Museu Muni
Rua da Carreira
Caminho do Pilar
Cruz de Carvalhão Hospital
Rua das Maravilhas
Rua Dr. Av. Calouste
Cemitério Britânico
J. Brito Câmaro Gulbenkian
La Vie Shopping Centre
Avenida Luís Camões
Rua dos Ilhéus
R. do Jasmineiro
Rotunda do Infante
Mon. do Infante
Chr. Colombo
Parque de Santa Catarina
Avenida do Infante
Centro de Congressos
Quinta Vigia
1
2
Museu
Sá Carneiro
Casino da Madeira
Jardim Quinta Magnólia
Quinta Magnólia Sports Centre
Rua do Favila
R. do Dr. Pita
Rua Garvalho Araújo
R. Imperatriz D. Amélia
R. da Penha de França
Av. Rua Virgílio Teixeira
Cais Novo
Estrada da Ponti
Estrada Monumental
Reid's Palace
Ilha do Amor
Atla

Jardim Botânico da Madeira (2 km)
Rua Nova Pedro José Omelas
Rua Vale Formosa
Rua de Santa Luzia
Rua do Comboio
Rua do Pina
Rua Pedro José Ornelas
Rua Dr. Sidondo Pais
Sta. Luzia
Capela do Encarnação
Rua das Hortas
Rua Alferes V. Pestana
Rua Elias Garcia
Riba de João Gomes
Rua da Rochinha
Igreja do Bom Jesus
Museu Henrique e Francisco Franco
R. do Bom Jesús
R. João de Deus
R. 31 de Janeiro
Museu do Vinho
R. dos Netos
R. dos Ferreiros
IVBAM
Anadia
Oudinot
Teleférico (Seilbahn)
Quinta da Boa Vista
Est. Conde do Carvalhal
Igreja do Colégio
Câmara Municipal
R. das Hortas
R. do Carmo
Igreja de Carmo
Estádio
Rua Nova de Alegria
Núcleo de Dragoeiros das Neves (4,3 km)
Museu de Arte Sacra
Pr. do Município
R. Dr. F. Ornelas
R. do Visconde do
R. Brigadeiro
Mercado dos Lavradores
Museo do Brinquedo
Museu A Cidade do Açúcar
R. Direita
R. do Aljube
Blandy's Wine Lodge
Arriaga
Zarco
Sé do Funchal
Pr. do Colombo
Madeira Story Centre
Rua Bela S. Tiago
R. de Santa Maria
Rua D. Carlos
Rua Profetas
Pr. do Autonomia
Palacio de São Lourenço
Alfândega Velha
Avenida do Mar
Avenida do Mar e das Comunidades Madeirenses
Teleférico
Capela do Corpo Santo
Portão dos Varadouros
Santa Maria de Colombo
Forte de São Tiago, Museu de Arte Cont.
Marina
Porto Santo
Ilhas Desertas
scher Ozean
0
300 m

Plan S. 20/21

Sehenswert

1 Parque de Santa Catarina

| Park |

Die zentrale Rasenfläche des Parks umgeben exotische Gewächse aus tropischen Ländern. Am Ostrand der Anlage befindet sich bei der Capela Santa Catarina aus dem 15. Jh. ein Aussichtspunkt. Das Weihwasserbecken vor dem Eingang ist mit Rad und Schwert verziert, denn die heilige Katharina wurde erst gerädert und dann geköpft. Auf dem Vorplatz schaut eine Kolumbusstatue nach Südosten.

■ Avenida do Infante, tgl. 7–21 Uhr, 23. Sept.–21. März 8–19 Uhr

Im Blickpunkt

Madeirawein – von süß bis trocken

Madeirawein wird in Europa häufig verkannt, da die exportierten Weine im besten Fall mittelmäßig sind. Gute Tropfen gibt es nur auf der Insel. Madeirawein ist ein aufgespritteter Dessert- oder Aperitifwein. Dem vergorenen Traubensaft wird hochprozentiger Alkohol (96 Vol.-%) zugefügt, bis der Madeira einen Alkoholgehalt von 19–20 Vol.-% hat.

Es gibt süße, halbsüße, halbtrockene und trockene Madeiraweine. Der Zeitpunkt für die Zugabe von Alkohol ist entscheidend für die Geschmacksrichtung: je früher, desto süßer, da die Gärung gestoppt wird und der Zuckergehalt der Trauben im Wein verbleibt.

Die Sercial-Traube eignet sich für trockene Weine, aus der Verdelho-Traube entsteht halbtrockener Madeira, der Boal-Traube entlocken die Winzer einen halbsüßen und dem Malmsey (Malvasia) einen süßen Wein. Die vielseitigste Traube ist die Tinta Negra Mole, aus ihr wird von süßem bis zu trockenem Wein alles produziert.

2 Museu CR7

| Museum |

1 *Das Leben und Wirken eines Weltfußballers*

Cristiano Ronaldo hat sich auf seiner Insel mehrere Denkmäler gesetzt: Der Flughafen von Madeira heißt seit 2017 offiziell Aeroporto de Cristiano Ronaldo, schon seit Längerem steht eine Bronzeskulptur von ihm an der Uferstraße, er ist an einem Hotel beteiligt und hat auch sein eigenes Museum. Sämtliche Trophäen, die Ronaldo bisher bekommen hat, sind dort ausgestellt. Auf einer interaktiven Zeitleiste kann die Karriere des Ausnahmefußballers verfolgt werden.

■ Avenida Sá Carneiro, Praça do Mar 27, Tel. 291 63 98 80, www.museucr7.com, Mo–Fr 10–17 Uhr, 5 €

3 Avenida Arriaga

| Fußgängerzone |

Entlang der zentralen Flaniermeile befinden sich Cafés, das Stadttheater und eine Statue von João Gonçalves Zarco, dem ersten Legatskapitän der Stadt. Im Frühjahr blühen Jacaranda-Bäume.

4 Jardim Municipal

| Park |

Der Garten war der erste öffentliche Park Funchals. Prunkstücke sind tropische Bäume, die Siedler im Laufe der Jahrhunderte auf die Insel brachten.

■ Avenida Arriaga

Die Avenida Arriaga ist die Flaniermeile von Funchal

5 Blandy's Wine Lodge

| Weinkellerei |

2 *Seit 1811 produziert die englische Familie Blandy Madeirawein*

Mitte des 19. Jh. kaufte Charles Ridpath Blandy das Gebäude, in dem sich heute Probierstube und Museum befinden. Es datiert auf das 17. Jh. und war Teil des alten Franziskanerklosters.

In Räumen mit unterschiedlichem Klima werden die Weine gelagert. Die Wände der Probierstube gestaltete der deutsche Künstler Max Römer mit Szenen traditioneller Weinlese. Im angeschlossenen Museum steht das älteste Holzfass der Insel aus dem 17. Jh.

Es werden zwei verschiedene Führungen angeboten. Die Premium Tour (ca. 45 Min., 12,50 €) gibt einen guten Einblick in die Produktion vom Fass bis zum Wein. Den Abschluss bildet, nach dem Gang durchs Museum, eine Weinprobe. Termine in deutscher Sprache sind Mo–Fr um 10.45, 14.45 und 15.45 sowie Sa um 10.45 Uhr.

Die Vintage Tour (ca. 60 Min., 25 €) richtet sich an Weinkenner und legt den Schwerpunkt auf kostbare Weine. Die Abschlussprobe besteht aus edlen Weinen. Termine: Mo–Fr um 16.30 Uhr oder auf Nachfrage, meist ist diese Tour nur auf Englisch möglich.

Gleich neben dem Eingang liegt das Weingeschäft »A Loja do Vinho«, wo über 500 verschiedene Weine angeboten werden.

■ Avenida Arriaga 28, Tel. 291 22 89 78, Geschäft Tel. 291 28 23 96, www.blandys winelodge.com, Mo–Fr 10–18.30, Sa 10–13 Uhr

6 The Ritz Madeira

| Kaffeehaus |

Der amerikanische Textilhändler Christian Ritz eröffnete das Café 1905. Es war jahrzehntelang ein Treffpunkt der besseren Gesellschaft. Nachdem ein Autohersteller das Gebäude als Ausstellungsraum nutzte, erstrahlt es seit 2011 wieder im altehrwürdigen Glanz mit der restaurierten Originaleinrichtung. Fliesenbilder an der Außenfassade zeigen das ländliche Madeira aus den Anfängen des 20. Jh.: Korbflechter, Stickerinnen, Fischer und Sänftenträger. An den Tischen in der Fußgängerzone lässt sich das Treiben beobachten.

■ Avenida Arriaga 33, Tel. 291 64 81 55, www.theritzmadeira.com, tgl. ab 8.30 Uhr

7 Sé do Funchal

| Kathedrale |

1 *Außen schlicht, innen lohnt der Blick auf die Holzdecke*

Von der Westseite her wirkt die Kathedrale von Funchal gedrungen, wuchtig, abweisend. Erst auf den zweiten Blick erkennt man den verspielten, sogenannten manuelinischen Stil auf der ostseitigen Apsis mit ihren gedrehten Türmen, verzierten Balustraden sowie dem Kreuz des Christusritterordens.

Im Innenraum lohnt die Holzdecke eine genauere Betrachtung. Die geschnitzte Pracht mit Einlegearbeiten aus Elfenbein erkennt man im Dunkeln erst nach einer Weile.

König Manuel I. schenkte Funchal 1485 das Gelände für den Bau der Kirche. 1508 wurde das Gotteshaus von Bischof D. João Lobo geweiht. Aus den Anfangszeiten der Kirche stammen noch das aufwendig verzierte Chorgestühl, das Taufbecken und das Retabel des Hauptaltars mit einem Polyptychon mit zwölf Bildern – es entstand zwischen 1512 und 1517.

■ Rua do Aljube, Tel. 291 22 81 55, www.catedraldofunchal.com, Mo–Fr 9–12 und 16–17.30, Sa 9–12 und 17–19, So 7.15–12 und

Die Igreja do Colégio von Funchal ist innen prachtvoll verziert

16.15–19, Fei 9–12 Uhr, Messen Mo–Fr 8, 8.30, 11 und 17.30, Sa 8.30, 11 und 18, So 8, 9, 11, 17 und 18 Uhr (während der Messen sind keine Besichtigungen möglich)

8 Museu A Cidade do Açúcar

| Museum |

Das Zuckermuseum huldigt dem »weißen Gold« des 15. und 16. Jh. Ausgestellt sind unter anderem Schmuckstücke und Zuckerhüte. Auf Schautafeln wird die Zuckerproduktion im Laufe der Jahrhunderte erklärt.

■ Praça do Colombo 5, Tel. 291 21 10 37, Mo–Fr 9.30–17.30 Uhr, Eintritt frei

9 Câmara Municipal

| Architektur |

Seit 1883 gehört der Barockpalast aus dem 18. Jh. der Stadt und dient als Rathaus. Der Eingangsbereich und der Innenhof sind mit blau-weißen Fliesen verziert, die aber jüngeren Datums sind (aus den 1940er-Jahren). Im Innenhof steht eine Statue von Leda mit Zeus. Zeus ist der Schwan, der sich an Leda schmiegt.

■ Praça do Municipio, Tel. 291 21 10 33, Innenhof frei zugänglich

10 Museu de Arte Sacra

| Museum |

Das Museum für Kirchenkunst ist im ehemaligen Bischofspalast aus dem 16. Jh. untergebracht. Ein Teil widmet sich flämischen Gemälden und Skulpturen des 15. und 16. Jh., eine weitere Abteilung stellt Kunstwerke aus Portugal aus, die vom 15. bis ins 18. Jh. reichen. Eine Besonderheit ist das Prozessionskreuz, das König Manuel I. der Kathedrale von Funchal schenkte.

■ Rua do Bispo 21, Tel. 291 22 89 00, de-de.facebook.com/museuartesacrafunchal.org, Mo–Fr 10–17, Sa 10–13 Uhr, 5 €

Im Blickpunkt

Manuelinik auf Madeira

Verspielt wirkende Steinmetzarbeiten verzieren die Kathedrale und einige Fensterrahmen in der Stadt. Sie stammen aus der Regierungszeit von König Manuel I. (1495–1521), in der Portugal eine wirtschaftliche Blüte erlebte. Der König schuf seinen eigenen Baustil, inspiriert durch die Entdeckung unbekannter Länder. Die Manuelinik orientiert sich an der spätgotischen Architektur, greift aber auch Elemente der Renaissance auf. Das Besondere sind dekorative Elemente aus der Seefahrt wie Schiffstaue und Armillarsphären.

11 Igreja do Colégio

| Kirche |

3 *Der prächtigste Kircheninnenraum von Madeira*

Die Kirche des ehemaligen Jesuitenklosters geht auf das Jahr 1647 zurück. Das aufwendige Innenportal stammt von 1720. Die Marmorstatuen am Hauptportal stellen vier wichtige Heilige des Jesuitenordens dar.

Der Innenraum ist reich verziert, im typischen Barockstil der Jesuiten. Die Wandmalereien stammen aus dem 17. und 18. Jh., die Fliesenbilder der Sakristei aus dem 17. Jh.

Sehenswert ist das Innenportal mit aufwendigen Schnitzereien aus den Anfängen des 18. Jh. Ins Auge fällt sofort der prächtige, mit Gold überzogene Hauptaltar, wo sich auf dem Retabel die vier Heiligen des Jesuitenordens vom Hauptportal wiederfinden.

Eine Seitenkapelle ist den angeblichen Reliquien der heiligen Ursula von Köln gewidmet, die aus unerfindlichen Gründen nach Madeira gelangten.

Vom Turm aus ergibt sich ein umfassender Blick über Funchal. Der Aufgang befindet sich hinten links.

■ Largo do Municipio, Tel. 291233534, Mo–Fr 10–18, Sa 15–18, So 9–13 und 18.30–20.30 Uhr, Eintritt frei, Turmbesteigung 1 €

12 Casa-Museu Frederico de Freitas

| Museum |

Der Anwalt und Notar Dr. Frederico de Freitas (1894–1978) war leidenschaftlicher Sammler. Seine komplette Sammlung und sein Haus, in dem er bis zu seinem Tod lebte, vererbte er der Stadt. Zu sehen sind Skulpturen, Gemälde, Zeichnungen sowie Möbel und Porzellan. Sehenswert sind Stiche aus dem 18. und 19. Jh., die Madeira zur damaligen Zeit zeigen.

Ein Besuch im Madeira Story Centre macht nicht nur Kindern Spaß

■ Calçada de Santa Clara 7, Tel. 291202570, Di–Sa 10–17.30 Uhr, 3 €, ermäßigt (Kinder und Rentner) 1,50 €

13 Quinta das Cruzes

| Park |

Hier soll der erste Legatskapitän von Funchal im 15. Jh. gewohnt haben. Im Wohnhaus zeigt das Museu Quinta das Cruzes alte Möbelstücke, Gold-, Silber- und Porzellankunst.

Im Garten sind außerdem zwei manuelinische Fensterrahmen (S. 25) zu sehen, die vom alten Krankenhaus aus dem 16. Jh. stammen. Eine Orchideenabteilung erfreut die Blumenfreunde.

■ Calçada do Pico 1, Tel. 291740670, Di–So 10–12.30 und 14–17.30 Uhr, 3 €, Garten tgl. 10–17.30 Uhr, Eintritt frei

14 Mercado dos Lavradores

| Markt |

2 *Köstliche tropische Früchte in Hülle und Fülle*

Der Bauern- und Arbeitermarkt, der am 1. Dezember 1940 eröffnete, ist das Tor zur Altstadt. Direkt am westlichen Eingang im Erdgeschoss stehen die Blumenverkäuferinnen. Im Innenhof wird Obst und Gemüse angeboten, vieles kennt man von zu Hause, anderes ist exotisch.

Im oberen Stock verteilen sich auf der Galerie ebenfalls Obst- und Gemüsestände. In den beiden parallelen Gängen werden tropische Früchte zum Probieren angeboten.

Die Markthändler haben sich auf Urlauber eingestellt: Die Exoten werden nicht nur frisch verkauft, sondern auch getrocknet, als haltbares Souvenir.

Das Souterrain ist den Fischhändlern vorbehalten. Am häufigsten sieht man den Schwarzen Degenfisch (S. 87); Thunfische, Doraden, Sardinen, Mak-

Die Seilbahn schwebt über die Dächer von Funchal nach Monte

relen, Moränen oder Stockfisch liegen daneben aus.

■ Largo dos Lavradores, mercados.cm-funchal.pt, Mo–Do 7–19, Fr 7–20, Sa 7–14 Uhr

15 Madeira Story Centre

| Museum |

Auf spielerische Weise kann man hier durch die Geschichte von Madeira spazieren. Für den Rundgang sollte man ca. 45 Min. einplanen.

■ Rua D. Carlos I 27–29, Tel. 291 63 90 81, www.madeirastorycentre.com, tgl. 9–19 Uhr, 5 €, Kinder 3 €

16 Teleférico

| Seilbahn |

4 *Schweben über der Stadt mit Blick in die Innenhöfe*

Die Seilbahn verbindet Funchal mit Monte. Auf der ca. 15-minütigen Fahrt hat man einen herrlichen Blick über die gesamte Stadt und in die Innenhöfe der Häuser.

■ Campo Almirante Reis, Tel. 291 78 02 88, www.madeiracablecar.com, tgl. 9–17.45 Uhr, Hin- und Rückfahrt 18 €, Kinder (7–14 Jahre) 9 €, Einzelfahrt 12,50 €, Kinder 6,50 €

17 Quinta da Boa Vista

| Garten |

Das Landgut mit dem Herrenhaus aus dem 17. Jh. gehört der englischen Familie Garton. Betty Garton gründete hier in den 1960er-Jahren eine Orchideenzucht; sie war die Tochter des in der Züchterszene bekannten Sir William Cooke. Heute leitet dessen Enkel Patrick die Zucht.

In einem unscheinbaren Gewächshaus wachsen prachtvolle Raritäten. Im Garten blühen aber auch andere tropische Pflanzen. Auf Bänken unter einem ausladenden Lorbeerbaum wird Tee oder Kaffee serviert.

Plan S. 20/21

■ Rua Lombo da Boa Vista, Tel. 291 22 04 68, patrickgarton@hotmail.com, Mo–Sa 9–17 Uhr, 2,50 € (Juni–Jan.), zur Orchideenblüte (Feb.–Mai) 4,50 €

18 Núcleo de Dragoeiros das Neves

| Garten |

In der Parkanlage am östlichen Stadtrand wächst eine stattliche Sammlung von Drachenbäumen. Einige sind um die hundert Jahre alt. Zusätzlich gedeihen hier die wichtigsten endemischen Pflanzen.

■ Caminho da Portada, São Gonçalo, Tel. 291 79 51 55, www.ifcn.madeira.gov.pt, Mo–Fr 9–17.30 Uhr, Eintritt frei

Parken

Parkplatz am Lido, Rua Gorgulho, Plan S. 20/21 westl. a5; am Casino oberhalb vom Parque Santa Catarina mit Parkautomat (ca. 0,80 €/Std., Plan S. 20/21 c4) und an der Uferstraße (ca. 0,80 €/Std.). **Parkhaus** im Einkaufszentrum La Vie (ca. 1,30 €/Std., Plan S. 20/21 c3), in der Avenida Sá Carneiro zwischen Jachthafen und Kreuzfahrtterminal (ca. 0,80 €/Std., Plan S. 20/21 c4) und nahe der Markthalle (Rua Artur de Sousa Pinga, Einfahrt Rua Dom Carlos I, tgl. 6–1 Uhr, ca. 1,30 €/Std., Plan S. 20/21 e3).

Restaurants

€ | Londres In dem alteingesessenen Restaurant kommt einfache Madeira-Küche in großzügigen Portionen auf den Tisch. Mittags gibt es günstige Tagesgerichte. ■ Rua da Carreira 64A, Tel. 291 23 53 29, Mo–Sa 11.45–15.45 und 18–22 Uhr, Plan S. 20/21 d3

Die Quinta da Boa Vista, ein Landgut aus dem 17. Jh.

ADAC Mittendrin

Ein Rückzugsort ist die **Rua Direita**, wo Einheimische in Cafés und Restaurants ihre Mittagspause verbringen, z. B. im Regiões House in der Nr. 23 (Plan S. 20/21 e3).

€ | **O Portão** Gutbürgerliches kleines Restaurant mit klassischer Küche von Madeira in großen Portionen. ■ Rua Portão de São Tiago, Tel. 291221125, Di–Sa 12–15 und 17.30–22.30, So 17.30-22.30 Uhr, Plan S. 20/21 f3

€€ | **Arsénio** Der Schwerpunkt liegt auf Gegrilltem: Fisch, Fleisch und Meeresfrüchten. Abends zwischen 20 und 22 Uhr wird Fado dargeboten. ■ Rua de Santa Maria 169, Tel. 291224007, tgl. 12–15 und 18–24 Uhr, Plan S. 20/21 f3

€€ | **Dos Combatentes** Klassisches Restaurant mit authentischer einheimischer Küche. ■ Rua de São Francisco 1, Tel. 291221388, Mo–Sa 11.45–15.30 und 18–22.30 Uhr, Plan S. 20/21 d3

€€ | **Marina Terrace** Großes Lokal am Jachthafen mit umfangreicher Speisekarte und professionellem Service. Besonders mittags kommen viele Einheimische her. ■ Marina do Funchal, Tel. 291230547, www.marinaterrace.pt, tgl. außer So 11–24 Uhr, Plan S. 20/21 d4

€€ | **O Dragoeiro** Man speist wie in einem tropischen Garten. Die Küche liefert typische Gerichte von Madeira. Das dreigängige »Touristenmenü« hat ein gutes Preis-Leistungs-Verhältnis. ■ Rua Casa Branca 43, Tel. 291762177, tgl. 11–24 Uhr, Plan S. 20/21 westl. a5

€€ | **O Regional** Gehobene einheimische Küche in einem kleinen Altstadthaus. Professionelles Personal. Frischer Fisch liegt in einer Vitrine aus. Bei gutem Wetter stehen Tische draußen. ■ Rua Dom Carlos I. 54, Tel. 291232956, www.restauranteoregionalfunchal.com, tgl. 12–23 Uhr, Plan S. 20/21 e3

€€€ | **O Barqueiro** Ausgewählte Meeresfrüchte haben ihren Preis. Spezialität sind verschiedene Seafoodplatten mit Schwerpunkt auf Langusten oder Gambas. Das Restaurant liegt am Westrand des Hotelviertels mit Blick auf das Cabo Girão. ■ Centro Comercial Centro Mar, Rua da Ponta da Cruz, Tel. 291765226, www.marisqueiraobarqueiro.pt, tgl. 11–23 Uhr, Plan S. 20/21 westl. a5

Cafés

Café do Teatro Tagsüber treffen sich an der Bar die Geschäftsleute, im Innenhof fühlen sich die Kreativen der Stadt wohl und an den Tischen in der Fußgängerzone die Urlauber. ■ Avenida Arriaga, Ed. Teatro Municipal Baltazar Días, Tel. 291226371, tgl. 8–1 Uhr, Plan S. 20/21 c3

Loja do Chá In dem heimeligen Teehaus gibt es eine gute Kuchen- und Teeauswahl. ■ Rua do Sabão 33–35/Praça do Colombo, Mobil 966871842, tgl. 9.30–19 Uhr, Plan S. 20/21 d/e3

Magic Tea House Das Terrassencafé liegt direkt an der Uferpromenade beim Hotel Pestana Grand. Guter Kuchen, typisches Süßgebäck, britische

ADAC Spartipp

Die Preisunterschiede in den Restaurants sind groß. Während man abends schnell mal 25 € für ein Menü loswird, sind die Kosten für ein dreigängiges **Mittagsmenü** gering. Zahlreiche Wirte bieten zwischen 12 und 14.30 Uhr den sogenannten »prato do día« an.

Scones und gute Teeauswahl. ■ Rua Ponta da Cruz 33, tgl. ab ca. 10 Uhr, Plan S. 20/21 westl. a5

Padaria Madeirense Günstige Bäckerei mit Cafébetrieb und großer Auswahl. Trotz der zentralen Lage sind die Preise günstig. ■ Rua Doutor Fernão de Ornelas 62, Mo–Sa tagsüber, Plan S. 20/21 e3

Einkaufen

Adegas Pereira d'Oliveira Es handelt sich um einen Zusammenschluss von fünf örtlichen Weinproduzenten, die gemeinsam in einem historischen Gebäude von 1619 ihren Wein vermarkten. Angeschlossen ist eine urige Probierstube. ■ Rua Ferreiros 107, Tel. 291 220784, Mo–Fr 9.30–18, Sa 9.30–13 Uhr, Plan S. 20/21 d3

Bazar do Povo Das nostalgische Kaufhaus war eines der ersten auf der Insel. Es wurde 1883 eröffnet. ■ Rua 5 de Outubro 35, Mo–Fr 9–20, Sa 9–18 Uhr, Plan S. 20/21 d3

Casa do Turista Alteingesessenes Souvenirgeschäft an neuem Standort. Im Angebot sind hochwertige Mitbringsel der Insel und Kunsthandwerk aus Portugal. ■ Gelerias São Lourenço, Loja 24, Tel. 291224907, Mo–Fr 10–20, Sa 10–19, So und Fei 10–18 Uhr, Plan S. 20/21 c4

Fábrica de Botas de Vilão Hier werden die typischen Lederstiefel hergestellt, wie die Korbschlittenfahrer und auch traditionelle Landwirte sie tragen. ■ Largo do Corpo Santo 22, Plan S. 20/21 f3

Gaudeamus Der kleine Laden entstand durch eine Initiative der Studenten der Universität Madeira. Es gibt ausgewählte Mitbringsel sowie Bücher und Schreibwaren. ■ Rua dos Ferreiros, Colégio dos Jesuitas, Tel. 291705060, www.gaudeamus.pt, Mo–Fr 10–18.30, Sa 10–13 Uhr, Plan S. 20/21 d3

La Vie Auf drei Stockwerken verteilen sich in diesem Shoppingcenter zahlreiche Geschäfte für Mode, Brillen, Bücher, Kosmetik und Artikel für den täglichen Bedarf. Cafés und Restaurants sorgen fürs leibliche Wohl. ■ Rua Dr. Brito Câmara, Tel. 291215420, www.funchal.lavieshopping.pt, tgl. 9–22 Uhr, Parkhaus bis 23 Uhr, Plan S. 20/21 c3

Loja de Artesanato IVBAM In dem offiziellen Geschäft des Instituto do Vinho, do Bordado e do Artesanato da Madeira werden hochwertige Produkte von einheimischen Kunsthandwerkern verkauft. ■ Rua dos Ferreiros 152, Tel. 291 204600, Mo–Fr 10–12.30 und 14–17.30 Uhr, Plan S. 20/21 d2

Patrício e Gouveia Auch wenn die Stickerei in letzter Zeit ein recht verstaubtes Image hat, finden sich hier moderne Arbeiten. Im Obergeschoss kann ein Teil der Produktion besichtigt werden, z. B. die Vorbereitung der Musterschablonen. ■ Rua Visconde Anadia 34, Tel. 291220801, www.patriciogouveia.pt, Mo–Fr 9–13 und 14–18, Sa 9.30–12 Uhr, Plan S. 20/21 e3

Bühne

Teatro Municipal Baltazar Dias Das Gebäude des Stadttheaters stammt aus den letzten Jahren des 19. Jh. Auf dem Programm stehen klassische Orchester, Musicals und Tanzveranstaltungen. ■ Avenida Arriaga, Tel. 291215130, teatro.cm-funchal.pt, Plan S. 20/21 c/d3

The Ritz Dinner Show Jeden Samstagabend findet im Café Ritz eine stilvolle Dinnershow statt. Das Ambiente ist gehoben. ■ Avenida Arriaga 33, Tel. 291 610202, Sa 19.30 Uhr, 45 €, Plan S. 20/21 c/d3

Ausflugsfahrt mit der nachgebauten »Santa Maria« von Kolumbus

Kneipen, Bars und Clubs

Hole in One Klassisches Pub mit lauschigem Garten für ruhigere Stunden. Drinnen ist es laut, aber kommunikativ. Oft treten Bands auf. ■ Estrada Monumental 238A, Tel. 291765443, www.holeinonemadeira.com, tgl. 11–2 Uhr, Plan S. 20/21 westl. a5

Sabor a Fado Authentisch-schummrige Fado-Kneipe mit hochkarätigen Künstlern. Bis 21 Uhr wird gesungen. ■ Travessa das Torres 10, Tel. 291612259, tgl. 18–24 Uhr, Plan S. 20/21 f3

Vespasclub Einer der ältesten Clubs der Stadt und immer noch angesagt. ■ Avenida Sá Carneiro 7, Tel. 291234800, www.vespas.pt, Do–So 23–4 Uhr, Plan S. 20/21 c4

Vintage Bar Beliebter Club mit Schwerpunkt auf der Musik der 1980er- und 90er-Jahre, gelegentlich besinnen sich DJs auf die 70er. Das Publikum ist im Schnitt in den 30ern. ■ Rua de Santa Maria 23, Mobil 914758975, www.facebook.com/23vintagebar, Mi, Do, So 19–1, Fr, Sa 20–2 Uhr, Plan S. 20/21 e3

Casinos

Casino da Madeira Der Architekt des auffälligen Betongebäudes von 1976 war der Brasilianer Oscar Niemeyer, der Stadtplaner von Brasilia. Das Casino in Funchal ist ein klassisches Haus, in dem angemessene Kleidung erwartet wird. Angeschlossen sind eine Bar, zwei Restaurants und eine Diskothek. ■ Avenida do Infante, Tel. 291140424, www.casinodamadeira.com, tgl. 15–3 Uhr, Plan S. 20/21 b/c4

Kinder

Museu do Brinquedo Das Spielzeugmuseum ist eine private Sammlung mit 20 000 Stücken aus Portugal, England, Frankreich und Deutschland ab dem 19. Jh. ■ Armazém do Mercado, Rua do Hospital Velho 28, Tel. 291640640, www.armazemdomercado.com, Mo–Sa 10–19 Uhr, 5 €, Kinder 3 €, Familienkarte für zwei Erwachsene und zwei Kinder 12 €, Plan S. 20/21 e3

Zur farbenprächtigen Festa da Flor gehört auch ein Kinderumzug

Santa Maria de Colombo Der Schiffsausflug auf dem originalgetreuen Nachbau der »Santa Maria« von Kolumbus ist nicht nur für Kinder ein Erlebnis. Man bekommt einen Eindruck von den Widrigkeiten, die die Mannschaft Ende des 15. Jh. auf ihrer ungefähr dreimonatigen Seefahrt ertragen musste. Heute ist es ein Vergnügen, die Steilküste vom Meer her zu sehen. Auf dem Schiff befinden sich eine Bar und ein WC. Die Fahrt dauert ca. 3 Std., bei ruhiger See ist eine Badepause eingeplant. ■ Marina do Funchal, Tel. 291 220327, www.santamariadecolombo.com, Abfahrten tgl. 10.30 und 15 Uhr, 35 €, Kinder 17,50 €, Plan S. 20/21 d4

Events

Carnaval Beginn ist am Mittwoch vor Altweiberfasching mit Veranstaltungen auf den Straßen. Der große Umzug im Stil des brasilianischen Karnevals findet am Samstagabend statt, ein Volkskarnevalsumzug am Dienstag.

Festa da Flor Das zweiwöchige Blumenfest beginnt meist zwei bis drei Wochen nach Ostern. Während der ganzen Zeit ist die Stadt mit Blumenarrangements geschmückt. Am ersten Samstag des Festes findet ein Kinderumzug statt; am Rathausplatz wird die »Mauer der Hoffnung« aufgebaut. Höhepunkt ist die große Blumenparade in der Innenstadt. Genaue Termine im Internet (www.visitmadeira.pt).

Dia do Cidade Am 21. August 1508 wurde Funchal von König Manuel I. das Stadtrecht verliehen. Zum Jubiläum füllen Folklore- und Musikgruppen die Straßen. Abends findet ein historischer Umzug statt. Den Abschluss bildet ein großes Feuerwerk am Hafen.

Festa do Vinho Ende August/Anfang September wird der Madeirawein gefeiert. Hauptveranstaltungsort ist die Avenida Arriaga (www.madeirawine festival.com).

Weihnachten Ab 6. Dezember durchfluten Lichtinstallationen die Stadt. Am Abend des 23. füllt sich die Markthalle zur »Noite do Mercado«. Viele Stände bieten das traditionelle Weihnachtsessen »carne de vinho e alhos« an, in Weißwein und Knoblauch eingelegtes Schweinefleisch. Am 25. Dezember hat alles zu; Busse verkehren nicht.

Silvester In der Nacht wird der Stadthimmel von einem der weltweit größten Feuerwerke erleuchtet.

Erlebnisse

Aeroclube da Madeira Der Fliegerverein der Insel bietet exklusive Rundflüge an: einen kompletten Inselrundflug, über die Bucht von Funchal, nach Porto Santo und zurück oder zu den Ilhas Desertas. Die Preise liegen bei 290–490 € für drei Personen. ■ Rua do Castanheiro, Tel. 291228311, www.aeroclube damadeira.com, Plan S. 20/21 d3

Bonita da Madeira Stilvolle Segeltouren lassen sich mit diesem 23 m langen Holzschiff unternehmen. Es verfügt über neun Kabinen, einen Salon und Liegemöglichkeiten an Deck. Tagesausflug zu den Ilhas Desertas 80 € ■ Marina do Funchal, Tel. 291762218, www.bonita-da-madeira.com, Plan S. 20/21 d4

History Tellers Internationale Studenten der Universität Madeira führen in mehreren Sprachen durch die Stadt. Der Erlös kommt ärmeren Studenten zugute, denen eine warme Mahlzeit und Studienmaterial finanziert wird. ■ La Vie Shopping Centre, Rua Dr. Brito Câmara 9, Piso 1, Tel. 935010779, www.madeiranheritage.pt, Mo–Fr 10–17 Uhr, 5–10 €, Plan S. 20/21 c3

Mountain Expeditions Abseits der Straßen lässt sich Madeira auf einer Jeep-Safari erleben. Der Veranstalter hat mehrere Touren im Angebot (Tagestouren um 45 €). ■ Rua Praia Formosa, Ed. Vista Formosa, Mobil 969 677679, www.mex.pt, Plan S. 20/21 westl. a5

Sport

Azul Diving Madeira Das junge, engagierte Team bietet neben Tauchausflügen für alle Klassen auch Whalewatching, Schwimmen mit Delfinen und Stand-up-Paddling. ■ Hotel Penha França Mar, R. Carvalho Araújo 1, Tel. 914256575, www.azuldiving.com, Plan S. 20/21 b5

Complexo Balnear do Lido Die Badeanlage wurde 2016 renoviert. Es gibt ein Schwimmbecken, große Liegeflächen und Zugang zum Meer. ■ Rua do Gorgulho, Tel. 291706950, www.frente marfunchal.com, 5,20 €, Kinder 1,90 €, tgl. 8.30–20 Uhr, Plan S. 20/21 westl. a5

E-Bike-Madeira Radverleih, vom eleganten Sportgerät bis zum gemütlichen Stadtrad, und geführte Touren. Gute Auswahl an E-Bikes (20 €/Tag) und E-Mountainbikes (55 €/Tag). ■ Estrada Monumental 182, Mobil 965010655, www.ebikemadeira.com, Mo–Fr 9.30–13, 14.30–18, Sa 10–13 Uhr, Plan S. 20/21 westl. a5

ADAC Spartipp

Das Hotelviertel von Funchal liegt ca. 20 km westlich vom Flughafen. Die Fahrt mit dem Taxi kostet um 20 €. Wer nicht viel Gepäck hat, fährt mit dem **Aerobus** der Gesellschaft SAM (www.sam.pt) günstiger. Einfache Fahrt 5 €. Das Hin- und Rückticket ist ein Jahr gültig und beläuft sich auf 8 €.

Harmony in Nature Anbieter von Trendsportarten wie Canyoning, Coasteering und auch Klettertouren. Die Preise liegen pro Tour um 60 €. ■ Caminho da Achada, Mobil 969 05 29 58, 967 05 66 00, www.madeira-harmonyinnature.com, Plan S. 20/21 b1

2 Jardim Botânico da Madeira

5 *Pflanzen aus Madeira und der ganzen Welt*

■ Caminho do Meio, Quinta do Bom Sucesso, Funchal, Tel. 291 21 12 00, ifcn.madeira.gov.pt, tgl. außer 25. Dez. 9–18 Uhr, 7,50 €

Der Garten, den der schottische Hotelier William Reid im 19. Jh. anlegen ließ, liegt auf ca. 300 m Höhe auf abschüssigem Terrain und beherbergt sehenswerte heimische, tropische und subtropische Pflanzen.

Direkt hinter dem Eingang (Portaria) liegt auf der rechten Seite das ehemalige Herrenhaus, wo die Reids bis 1936 wohnten. Es beherbergt heute ein Naturkundemuseum (Museu de História Natural). Gleich anschließend befindet sich eine Orchideenabteilung (Jardim Orquídea). Eine Ebene tiefer liegt die Sukkulentenabteilung mit Kakteen und verschiedenen Aloe-Arten. Es schließt sich eine Galerie an, von der man einen Blick auf die Jardins coreografados hat, wo Kräuter und Stauden so angepflanzt wurden, dass sie das Wort »Jardim Botânico« darstellen. In den tieferen Lagen des Botanischen Gartens ist ein großer Bereich mit Nutzpflanzen (Plantas agro-industriais) angelegt. Auf der untersten Ebene gedeihen hauptsächlich endemische Arten. Kaum eine Pflanze in den Gärten

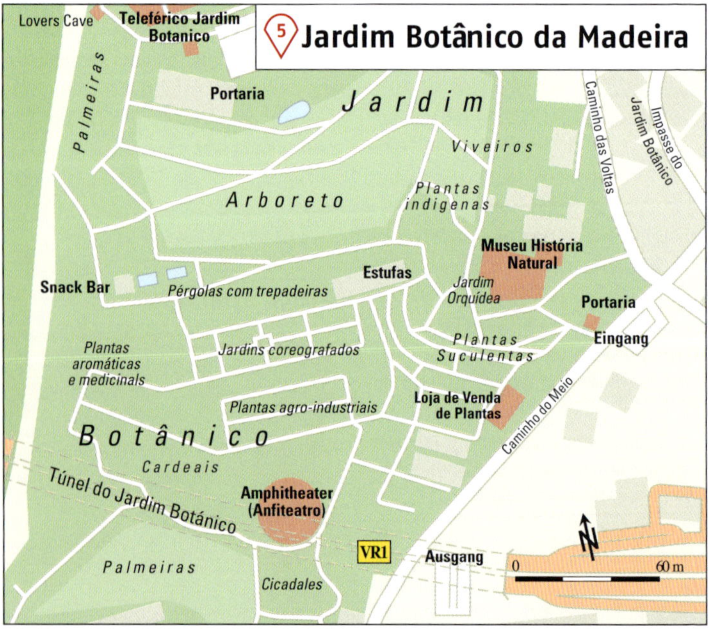

stammt von Madeira. Schon im 16. Jh. brachten Entdeckungsfahrer Pflanzen aus aller Welt mit. Später gestalteten Briten ihre Gärten mit Exoten. Eine Besonderheit sind die Palmfarne (Cicadales) am unteren Ausgang.

Verkehrsmittel

Stadtbus Linie 29 (Abfahrt in Funchal: Rua Artur de Sousa Pinga), 31, 31A (Abfahrt in Funchal: Rua Brigadeiro Oudimot/Praça da Autonomía).
Seilbahn nach Monte ■ www.telefericojardimbotanico.com, 9,25 €, hin und zurück 14 €, Kombiticket mit Garten 14,50 € hin und zurück 17,75 €

Parken

Kleiner **Parkplatz** am Haupteingang im Caminho do Meio, größerer an der Seilbahnstation (Teleférico).

Restaurants

€€ | Alta Vista Typisches Lokal mit bodenständiger Küche. Besonders mittags essen hier gern Einheimische, abends schöner Blick auf die Lichter der Stadt. ■ Largo do Miranda Caminho do Meio 87–89, Tel. 291229762, Mo–Sa bis 22, So bis 16.30 Uhr

3 Monte

In der Kirche hat der letzte Kaiser von Österreich sein Grab gefunden

Monte liegt in kühlen Regionen auf ca. 600 Höhenmetern. Zentraler Platz ist der Largo da Fonte. Unterhalb erstreckt sich der lauschige Stadtpark. Im 18. und 19. Jh. ließen sich englische Handelsfamilien nieder und errichteten Villen mit parkähnlichen Gärten. Bis 1942 verband eine Zahnradbahn den Ort mit Funchal. Zu sehen ist davon, bis auf eine Brücke über den Stadtpark, nichts mehr. Die Anbindung an Funchal ist durch Stadtbusse und eine Seilbahn gewährleistet.

Im Jardim Tropical Monte Palace erholte sich einst der britische Konsul

Sehenswert

Jardim Tropical Monte Palace
| Garten |

3 *Der verspielte Garten gehörte einst zu einem Hotel*

Im 18. Jh. erwarb der britische Konsul das Gelände und legte den Grundstein für den prächtigen Garten und das Nobelhotel »Monte Palace Hotel«. 1965 endete der Hotelbetrieb und der

Garten verwilderte. Seit 1987 ist José Berardo, portugiesischer Geschäftsmann, Pflanzensammler und Kunstliebhaber, der Eigentümer.

Im Museu Monte Palace am Haupteingang werden eine große Mineraliensammlung sowie afrikanische Kunstwerke gezeigt. Im Garten ließ Berardo heimische und exotische Gewächse pflanzen. Eine Besonderheit ist die Sammlung von ca. 60 Palmfarnarten. Beim Spaziergang durch den Garten passiert man Fliesenbilder, Figuren, Wasserläufe und eine nachgebaute Terrakottaarmee. Im Westteil schwimmen Koi-Karpfen in Becken. Am »See« beim ehemaligen Hotel steht die bisher größte auf einer Töpferscheibe gedrehte Kleopatra-Vase. Der sich anschließende »südliche Orientgarten« ist von asiatischen Anlagen inspiriert. Im Osten des Gartens wächst heimische Flora.

■ Caminho do Monte, Tel. 291780800, www.montepalace.com, Stadtbuslinien 20 und 21 (Abfahrt in Funchal in der Rua Artur de Sousa Pinga), tgl. 9.30–18, Museum 10–16.30 Uhr, 25. Dez. geschl., 12,50 €

ADAC Wussten Sie schon?

Der Exilant **Kaiser Karl I. von Österreich** lebte mit seiner Frau Zita ab November 1921 in der Luxusvilla Vitória in Funchal, die zum Hotel Reid's gehörte. Da schon 1919 das Familienvermögen konfisziert worden war, ging den beiden das Geld aus. Ein befreundeter Bankier überließ ihnen ab Februar 1922 sein Sommerhaus in Monte, die heutige Quinta Jardins do Imperador. Aber schon am 1. April 1922 starb der Kaiser und ist seitdem in der Kirche von Monte aufgebahrt.

Parken

Großer **Parkplatz** an der Straße in Richtung Pico do Arieiro und Terreiro da Luta, von dort ca. 5 Min. Fußweg bis zum zentralen Platz.

Restaurants

€€ | Pátio das Babosas Hier gibt es raffinierte portugiesische Küche, garniert mit einer herrlichen Aussicht. Wer nur auf einen Kaffee oder Snack vorbeikommt, ist auch willkommen. ■ Largo das Babosas 16, Tel. 291765137, Sa–Mi 11–23, Do 18–23, Fr 9–23 Uhr

Cafés

Café do Parque Einfaches Café am Hauptplatz mit einigen Tischen draußen und Souvenirgeschäft. ■ Largo da Fonte, Tel. 291782880

Events

Romeria Nossa Senhora do Monte Die Wallfahrt zur Kirche von Monte findet am 15. August (Mariä Himmelfahrt) statt.

Erlebnisse

Carreiros do Monte Eine der spektakulärsten Schlittenfahrten der Welt führt von Monte auf steilen Straßen in die Vororte von Funchal hinunter. Einst war der Schlitten öffentliches Verkehrsmittel der Weinhändler. Zwei Schlittenlenker begleiten die Fahrt, wenn nötig, bremsen oder beschleunigen sie. Die Fahrt dauert ca. 10 Min. Am Endpunkt befindet sich eine Bushaltestelle. ■ Caminho de Ferro/Caminho das Babosas, Tel. 291783919, www.carreiros

Eine rasante Schlittenfahrt führt von Monte zurück nach Funchal

domonte.com, Mo–Sa 9–17.45 Uhr, keine Fahrten am 14. und 15. August, am 25. Dez. sowie am 1. Jan., eine Person 25 €, zwei Personen in einem Schlitten 30 €, Dreierschlitten 45 €

4 Palheiro Gardens

Wildromantischer Garten der englischen Familie Blandy

■ Caminho da Quinta do Palheiro 32, Tel. 291 79 30 44, www.palheirogardens.com, tgl. außer 25. Dez. und 1. Jan., 9–17 Uhr, 10 €

Der Garten liegt auf ca. 600 m Höhe. Das Klima ist hier kühl und ideal für subtropische Pflanzen. Seit 1885 ist das Gelände im Besitz der Blandys, die sich im 19. Jh. als Weinhändler auf Madeira niederließen.

Der Fußweg zum Garten verläuft durch eine Allee von Kamelien, die zwischen November und April in Blüte stehen. Sie endet am viktorianischen Wohnhaus von 1891. Es wird noch von den Besitzern bewohnt und kann daher nicht besichtigt werden. Südlich davon erstreckt sich das Gartengelände mit unterschiedlichen Stilrichtungen. Im Teehaus am unteren Gartenrand lässt sich nobel pausieren.

Verkehrsmittel

Stadtbus Linien 36, 36A, 37, 47 (Abfahrt in Funchal in der Rua Artur de Sousa Pinga).

Parken

Parkplatz am Eingang im Caminho da Quinta do Palheiro.

Schon Winston Churchill entspannte im idyllischen Câmara de Lobos

Cafés

Jasmin Tea House Charmantes Gartenteehaus wenige Meter unterhalb der Levada dos Tornos. Die Kuchen werden selbst gebacken. Der Schwerpunkt bei den Getränken liegt natürlich auf Tee. ■ Caminho dos Pretos, São Gonçalo, Tel. 291792796, www.facebook.com/Jaminteahouse, Di–So 10–17 Uhr

5 Câmara de Lobos

Ehemaliger Hauptfischerort von Madeira in einer malerischen Bucht

Der Ort liegt an einer geschützten Bucht, die den Fischern einen sicheren Hafen bietet. Farbenfrohe Holzboote geben ein schönes Fotomotiv ab. Mit den pittoresken, aber nur bedingt hochseetauglichen Booten fahren immer noch Männer nachts zum Degenfischfang aus. Oft hängen Katzenhai und Thunfisch zum Trocknen an Leinen in der Hafenbucht oder liegen auf dem Kiel umgedrehter Fischerboote. Da der Tourismus einträglicher ist als die Fischerei, wurde der Uferbereich komplett saniert, sodass das ehemals arme Dorf heute über eine Uferpromenade verfügt.

Winston Churchill, der zweimal auf Madeira war, liebte den Ort. Er verbrachte hier seine Mußestunden beim Malen. Am östlichen Ortseingang hat man am Miradouro Winston Churchill den Blick, den der britische Politiker im Januar 1950 auf Leinwand bannte. Das Ölbild »Câmara de Lobos, The Fishing Port of Madeira« hängt heute in Chartwell, Churchills ehemaligem Landsitz (www.nationaltrust.org.uk/chartwell).

Parken

Parkhaus in der Rua do Espírito Santo und an der Praça da Autonomía (Largo de São Sebastião) in der Nähe des Rathauses. **Parkbuchten** in der Rua Dr. Vasco dos Reis Gonçalves (ca. 5 Min. Fußweg zum Hafen).

Restaurants

€€ | Santo António Das urige Lokal ist eine der besten Adressen für »espetada« (traditioneller Fleischspieß). Er wird auf dem Lorbeerholzspieß serviert. Dazu gibt es »milho frito« (gebackenes Maismehl mit Kräutern), Pommes und Salat. ■ Estrada João Goncalves Zarco 656, Estreito de Câmara de Lobos, Tel. 291910360, www.restaurantesantoantonio.com, tgl. 12–24 Uhr

€€ | Vila do Peixe Restaurant im Obergeschoss eines Hochhauses mit Blick auf die Hafenbucht. Frischer Fisch kann in einer Vitrine ausgesucht werden. ■ Rua Dr. João Abel de Freitas, Tel. 291099909, www.viladopeixe.com, tgl. 12–23 Uhr

Kneipen, Bars und Clubs

Bar Filhos D'Mar Zünftige Fischerbar, in der sich die Betreiber auf verschiedene Poncha-Varianten spezialisiert haben. ■ Largo do Poço, Tel. 291943907, www.facebook.com/filhosdomar

In der Umgebung

Estreito de Câmara de Lobos

| Dorf |

Mit ca. 10 000 Einwohnern ist Estreito de Câmara de Lobos recht groß. Es liegt abseits der üblichen Touristenrouten auf rund 500 m Höhe. Die Einheimischen sind unter sich. Alle Hänge um den Ort sind terrassiert. Auf den Feldern an den Steilhängen wachsen im unteren Bereich vorwiegend Reben, in höheren Lagen Obstbäume. Sonntags findet ein uriger Bauernmarkt statt.

Die schmale Regionalstraße ER 231 windet sich steil weiter nach oben in den Weiler Jardim da Serra, das Zentrum des Kirschanbaus. Bis auf 1000 m Höhe wachsen Kirschbäume. Während die Bäume in den tiefen Lagen bereits Früchte tragen, stehen sie auf den oberen Feldterrassen noch in Blüte.

Steiler hinauf geht es auf der Estrada da Corrida zum Aussichtspunkt Boca da Corrida, von wo der Blick ins tiefe Tal von Curral das Freiras fällt.

ADAC Mobil

Um sich einen ersten Überblick über Câmara de Lobos zu verschaffen und nicht auf Parkplatzsuche gehen zu müssen, eignet sich der **Sightseeing-Bus**. Die Hop-on/Hop-off-Bustour Red Route startet ca. alle 20 Min. in Funchal an der Avenida do Mar, Câmara de Lobos ist Haltestelle Nr. 19.
www.welcomemadeira.pt, tgl. 9.30–17 Uhr, außer 4. Dez.–15. Jan., 20 €

6 Cabo Girão

4 *580 m senkrecht abfallende Steilküste mit Skywalk*

■ Estrada do Cabo Girão, Câmara de Lobos, www.visitmadeira.pt, tgl. 8–20 Uhr, 2 €

Das Kap ist eine der höchsten Steilklippen Europas. Unterhalb einer Glasplatte geht es 580 m senkrecht nach unten. Weit schweift der Blick nach Funchal und Câmara de Lobos, während in der Tiefe die Brandung tost. Der Aussichtspunkt mit Skywalk kostet 2 € (für Bewohner von Madeira frei), Café und Souvenirgeschäfte sind frei zugänglich. Cabo Girão bedeutet »Kap der Umkehr«. Laut einer Legende sollen die

Portugiesen bei einer ersten Erkundung an dieser Stelle angesichts der Steilheit auf dem Absatz kehrtgemacht haben.

Verkehrsmittel

Bus Rodoeste-Linien 7 und 154, Haltestelle in Funchal an der Avenida do Mar zwischen Rua do Esmeraldo und Rua dos Capelistas.

Parken

Großer **Parkplatz** am Ortseingang.

Restaurants

€€ | Miradouro Cruz da Caldeira Restaurant mit Aussicht auf die Bucht von Câmara de Lobos und Funchal. Gute Adresse für Fleischliebhaber. ■ Estrada João Gonçalves Zarco 665, Tel. 29194 3349, tgl. 8–23 Uhr

7 Curral das Freiras

Nonnental

Abgelegenes kleines Dorf vor einer gewaltigen Felskulisse

Information

■ Posto de Informação Turística, Estrada Cónego Camacha (Agência Banif), 9030-319 Curral das Freiras, Tel. 291721183, unregelmäßige Öffnungszeiten

Das Dorf versteckt sich unter steilen Felsflanken. Die Häuser verteilen sich auf Höhen zwischen 400 und 700 m.

Das abgeschiedene Curral das Freiras (Nonnental) schmiegt sich an steil aufragende Felswände

Lange Zeit war Curral das Freiras nur zu Fuß, dann über eine abenteuerliche Bergstraße aus den 1950er-Jahren zu erreichen. Heute erschließt ein 2,7 km langer Tunnel das Tal.

Die hohen Berge schirmen das Tal vor kalten Winden ab. Die Landwirtschaft spielt bis heute eine große Rolle. Obst und Gemüse werden mühsam auf kleinen Feldterrassen angebaut. In den höheren Lagen wachsen Edelkastanienwälder. Aus den Maroni werden allerlei Spezialitäten hergestellt: Kuchen, Suppen, Liköre.

Curral das Freiras heißt wörtlich übersetzt »Stall der Nonnen«. Das Tal war die Mitgift für die Töchter des zweiten Legatskapitäns von Funchal, als sie in das dortige Kloster Santa Clara eintraten. Die Bewohner hielten Vieh für das Kloster in Funchal. Bei Piratenüberfällen auf Funchal zogen sich die Nonnen in ihr Tal zurück.

Zentrale Anlaufstelle ist das Zentrum bei der Kirche. Hier befinden sich Restaurants, Souvenirgeschäfte und Cafés.

Verkehrsmittel

Bus Linie 81 von Horários do Funchal, Abfahrten in Funchal: Seilbahnstation, Palácio São Lourenço, Casino, Hotel Savoy. ■ www.horariosdofunchal.pt

Parken

Parkhaus unterhalb des zentralen Platzes bei der Touristeninformation.

Restaurants

6 **€€ | Sabores do Curral** Schöne Lage und gemütliche Terrasse über dem Tal. Serviert werden die Spezialitäten des Ortes. Sonntags gibt es

ADAC Mittendrin

Die **Snack Bar O Lagar** im Ortsteil Fajã Escura von Curral das Freiras ist Supermarkt, Bar und Wohnzimmer der Einwohner des abgelegenen Ortsteils. Gabriel, der Wirt, produziert Honig und grillt würzige Hähnchen und natürlich den klassischen Rindfleischspieß. *Sítio da Fajã Escura, Tel. 291712520, tgl. 8–22 Uhr*

ein günstiges Buffet. ■ Caminho da Pedra, Tel. 291 71 22 57, Di–So 9–18 Uhr

Events

Festa da Castanha Am 31. Okt. und 1. Nov. füllt sich der Ort mit Besuchern, die hier die Kastanienspezialitäten des Tals genießen möchten.

In der Umgebung

Eira do Serrado

| Aussichtspunkt |

5 *Tiefblicke in den Kessel von Curral das Freiras*

Die Wand hinter dem soliden Geländer dieses Aussichtspunkts auf ca. 1050 m Höhe bricht mehrere hundert Meter senkrecht ab. Tief unten schmiegt sich Curral das Freiras an die Hänge, nach Norden fällt der Blick auf den Hauptkamm, im Nordwesten erhebt sich der 1654 m hohe Pico Grande mit seinem schachturmartigen Gipfelaufbau, und rundum stürzen begrünte Steilflanken ins Tal.

Der Aussichtspunkt liegt an der alten Straße nach Curral das Freiras. Direkt vor dem Tunnel nach Curral das Freiras zweigt die Zufahrtsstraße ab.

Vom großen Parkplatz am Hotel Eira do Serrado mit Souvenirgeschäft und Café führt ein rund zehnminütiger Fußweg zum eigentlichen Aussichtspunkt. Es empfiehlt sich, früh oder erst am späten Nachmittag herzukommen. Dann herrscht weniger Andrang.

■ Estrada da Eira do Serrado

8 Camacha

Aus Camacha kommen die Korbmöbel aus Weidengeflecht

Camacha liegt auf etwa 700 m Höhe. Das Klima ist kühl. Zentraler Platz ist der Largo Conselheiro Aires de Ornelas, von den Einheimischen Largo da Achada genannt.

Ab dem 18. Jh. bauten britische Weinhändler hier ihre Sommervillen. Als der Weinhandel zum Erliegen kam, forcierten sie auf Initiative von Harry Hinton die Korbflechterei. Bis weit ins 20. Jh. lebte der Ort von der Flechtkunst, bis Industrieware den Erlös schmälerte. Hotelbesitzer und Familien, die Wert auf Stil und lokale Produkte legen, kaufen aber weiterhin in Camacha ein.

Verkehrsmittel

Bus Linie 129 von Horários do Funchal, Abfahrten in Funchal an der Seilbahnstation nach Monte. ■ www.horariosdofunchal.pt

Parken

Gebührenpflichtige **Parkplätze** mit Parkautomat finden sich am zentralen Platz (ca. 0,50 €/Std.). Ansonsten gibt es meist genügend Plätze in den Seitenstraßen.

Restaurants

€€ | Abrigo do Pastor »Schutzhütte der Hirten« heißt das Lokal – der Name ist Programm: Serviert wird Deftiges, Lamm, Kaninchen, Spanferkel und der typische Rindfleischspieß. Das Restaurant liegt ca. 6 km außerhalb an der Straße ER 203 zum Poiso-Pass. ■ Estrada das Carreiras 209 (ER 203), Tel. 291922060, www.abrigodopastor.com, Mi–Mo 10–23 Uhr

Wandern

7 Levada da Serra do Faial

Oberhalb von Camacha verläuft die Levada da Serra do Faial. Ihr paralleler Weg war lange eine wichtige Verbindungsstraße. Heute ist er ein beliebter Wanderweg, der auch ungeübten Wandernden die Möglichkeit gibt, ohne große Mühe in die Natur einzutauchen. Es geht durch einen Mischwald aus Eukalyptusbäumen, Akazien und stattlichen Eichen, farbenfroh wachsen exotische Blühpflanzen am Wegesrand. Als Ausgangspunkt bietet sich die Stelle an, wo die Levada die Straße quert, die zum Poiso-Pass führt (ER 203). Schilder weisen nach Santo da Serra. (Mit Bus 129 kommt man zum Abzweig der ER 203, von wo es nur noch 500 m sind). Die Wanderung folgt ohne Steigung dem Levada-Lauf, nach einer knappen Stunde ist die Bar Moisés erreicht. Wer wieder zum Ausgangspunkt zurück muss, kehrt am besten hier um. Ins Zentrum von Camacha dagegen steigt man von der Bar aus direkt auf einer schmalen, steilen Straße ab.
■ Estrada Regional 203, Taxistand und Bushaltestelle befinden sich am zentralen Platz von Camacha

Entlang der Levada da Serra do Faial lässt sich mühelos wandern

9 Santo António da Serra

Bergdorf mit Golfplatz und einem urigen Sonntagsmarkt

Santo da Serra, wie es kurz genannt wird, liegt auf 600 m Höhe. Häufig zieht der Nebel durch die Straßen, was der üppigen Vegetation in den parkähnlichen Gärten zugutekommt.
Besonders am Sonntag zum Markttag füllt sich das Dorf mit Bewohnern aus der Umgebung, aber auch mit Tagesausflüglern und Busgesellschaften. Trotz der Besuchermassen ist der Bauernmarkt authentisch-urig. Als edlen Gegenpol gibt es Reitställe und einen Golfplatz – den ersten auf der Insel –, der 1937 eröffnet wurde. Reiche Briten richteten sich hier wegen des kühlen Klimas Sommerresidenzen ein.

Sehenswert

Quinta do Santo da Serra
| Park |
Das Herrenhaus mit Park (Jardim da Quinta da Junta) ließ die britische Weinhändlerfamilie Blandy Ende des 19. Jh. bauen. Seit 1975 sind Park und Haus im Besitz der Regierung. Der Park ist frei zugänglich, das Haus nicht.
Das Klima eignet sich besonders gut für Rhododendren, Azaleen und Kamelien. In den ehemaligen Ställen ist ein kleiner Zoo untergebracht. Das Gelände ist von gemütlichen Spazierwegen und wilden Pfaden durchzogen.
Am Nordrand, dem tiefsten Teil des Parks, erlaubt der Miradouro dos Ingleses einen Blick auf die Halbinsel Ponta de São Lourenço.

■ Antigua ER 207/ER 225, tgl. bis Sonnenuntergang, Eintritt frei

Der Ferienort Caniço lockt viele ausländische Urlauber an

Gefällt Ihnen das?

Quintas sind Herrenhäuser. Das ehemalige **Herrenhaus des Hoteliers Reid** im Botanischen Garten (S. 34) beherbergt heute ein kleines Naturkundemuseum, und in der **Quinta das Cruzes** in Funchal (S. 26) sind alte Einrichtungsgegenstände zu bewundern.

Mercado de Domingo

| Markt |

Der Bauernmarkt am Sonntag ist urig: An den Ständen türmen sich die Produkte der Umgebung, über dem Feuer drehen sich Hähnchen, blubbern Eintöpfe, und fahrende Bäcker preisen ihr »bolo do caco« (Fladenbrot) an. Inzwischen haben Reiseagenturen den Markt entdeckt, aber am deftigen Essen erfreuen sich vor allem Einheimische. Mittags ist stets am meisten los.

■ Parque das Feiras

Parken

Großer **Parkplatz** hinter der Kirche.

Restaurants

€€ | A Quinta Das Restaurant des gleichnamigen Landhotels ist für alle zugänglich. Spezialität ist die deftige Bergküche Madeiras, wie Zicklein oder Spanferkel. ■ Estrada Santo António da Serra 398, Tel. 291550030, www.hotelruralaquinta.com

Events

Mostra da Sidra Santo da Serra ist für fruchtigen Apfelwein bekannt. In der zweiten Septemberhälfte feiert das Dorf den vergorenen Apfelsaft. Genauer Termin unter www.visitmadeira.pt. In jeder Bar des Dorfes wird er auch das ganze Jahr über ausgeschenkt.

10 Caniço

Beliebter Ferienort an der sonnigen und trockenen Südostküste

Caniço ist zweigeteilt. Der obere Ortsteil, Caniço Centro, ist das eigentliche Zentrum mit Kirche, Restaurants und guten Einkaufsmöglichkeiten. Unten am Meer erstreckt sich der Ferienort Caniço de Baixo, wo die meisten Hotels, Apartments und Ferienwohnungen von Ausländern angesiedelt sind. An seinem Ostrand liegt am Kiesstrand Praia dos Reis Magos, eine kleine Fischersiedlung. Hier baden im Sommer die Einheimischen. Urlauber bevorzugen die Felsbadeanlagen der Hotels Lido Galomar und Roca Mar. Wer nicht in den Hotels wohnt, kann dort gegen Gebühr einen Tag am Meer verbringen.

Aufgrund des trockenen Klimas war Caniço lange Zeit ein armer Bauernort, wo nur Zwiebeln gediehen. Erst in den 1970er-Jahren wagten sich die ersten Pioniere des Tourismus in den Ort und verhalfen ihm zu wirtschaftlichem Aufschwung.

Mitte August zeigen die Köche der örtlichen Restaurants bei der Festa Gastronómica, was sie können. Die Stände konzentrieren sich um den zentralen Dorfplatz.

Verkehrsmittel

Bus Regelmäßige Verbindungen der Gesellschaft EACL nach Funchal im 30-Min.-Takt. ■ www.eacl.pt

Parken

Parkhaus in Caniço Centro, Estrada da Ponta da Oliveira 14, gegenüber dem Hotel Quinta Splendida.

Parkbuchten an der Praia dos Reis Magos, am Ostrand von Caniço de Baixo, und in den Seitenstraßen.

Restaurants

€€ | Café Rustico – Klenks Cafe Seit 1993 unter der Leitung eines deutsch-portugiesischen Paares. Inzwischen kocht einer der Söhne. Es gibt deftige Speisen in großen Portionen für den deutschen und einheimischen Geschmack. ■ Estrada Ponta de Oliveira 57, Tel. 291934316, www.madeira-caferustico.com, Di geschl.

€€ | Vila Ventura Garden Grill Gemütliches Gartenrestaurant. Gute Grillgerichte (Fisch und Fleisch), die alle über Holzkohle gegart werden. ■ Caminho Cais da Oliveira, Caniço de Baixo, Tel. 291 934611, www.vila-ventura.com, tgl.

Kneipen, Bars und Clubs

Capoeira Bar Cocktailbar, in der es auch Kleinigkeiten zu essen gibt. Schöne Lage direkt über der Küste. Sonntags Fado-Abende. ■ Rua Baden Powell, Tel. 291930930, tgl. 12–24 Uhr

Events

Festa da Cebola Im Mai feiert das Dorf die Zwiebel. Bevor der Tourismus zum wichtigsten Standbein der Gemeinde wurde, verdienten die Bewohner ihren Lebensunterhalt mit Zwiebelanbau. Genauer Termin: www.jf-canico.pt.

Festa Gastronómica Mitte Aug. zeigen die örtlichen Köche, was sie können.

Sport

Albano Aktiv Das engagierte Team um Albano organisiert einfache bis anspruchsvolle Mountainbike-Touren und Tagesfahrten. Auch mit E-Bikes. Mit eigener Werkstatt. Albano ist in Deutschland aufgewachsen. ■ Caminho Cais da Oliveira 11A, Tel. 291099460, Mobil 966754784, www.bikestation-madeira.com, Mo, Mi, Fr 9–12 und 16–19, Di, Do, Sa und So 16–19 Uhr

Atalaia Diving Center Die etablierte Tauchschule unter deutscher Leitung wird inzwischen in zweiter Generation vom Sohn des Gründers geführt. Tauchausbildungen für Anfänger bis Fortgeschrittene, Ausfahrten und Ausflüge. Schnuppertauchkurse kosten um 60 €. ■ Caminho Cais da Oliveira, unterhalb des Hotels Rocamar, Tel. 291934330, www.atalaia-madeira.com, Fr–Mi 9–17 Uhr

8 **Lokoloko** Umfangreiches Angebot an Outdoor-Aktivitäten wie Mountainbiken, Canyoning, Ausritte, Jeep-Touren und Wanderungen. Zudem alles, was mit dem Meer zu tun hat: Schnorcheln, Wal- und Delfinbeobachtungen, Tauchen, Bootsausflüge. ■ Rua D. Francisco Santana (im Hotel Galosol), Tel. 291 93 91 91, Mobil 969 570 780, www.lokolokomadeira.com

Wandern

Madeira Wandern mit Christa Mit einem eifrigen Team bietet Christa Dornfeld-Bretterbauer, eine Österreicherin, die zu den Urgesteinen auf Madeira gehört, Tageswanderungen und ganze Reisepakete an – flexibel je nach Wetterlage. Eine Spezialität ist Yoga und Wandern. ■ Rua Dom Francisco Santana 48, Mobil 91569 3205, www.madeirawandern.com

Entspannung

Ayurveda Cure Centre Im Ayurveda-Zentrum des Hotels Alpina Atlântico können auch auswärtige Gäste Yoga, Qigong und Massagen buchen. ■ Estrada Avelino Pinto, Tel. 291930948, www.galoresort.com

In der Umgebung

Cristo Rei

| Aussichtspunkt |

Im Ortsteil Garajau, westlich von Caniço de Baixo, breitet eine Christusfigur die Arme aus. Mit Sockel ist sie ca. 15 m hoch. Sie steht auf der Felsnase Ponta do Garajau, die 120 m senkrecht ins Meer fällt. Der Blick reicht bis in die Bucht von Funchal. Bis 1770 bekamen verstorbene nicht katholische Christen von hier aus eine Seebestattung, da es bis dahin verboten war, sie auf der Insel zu begraben. Das betraf vor allem die protestantischen Briten.
■ Sítio do Garajau

11 Santa Cruz

Kleinstadt mit hübschem Ortskern und langer Geschichte

Santa Cruz gehört zu den ältesten Gemeinden der Insel und hat sich einen altertümlichen Charme bewahrt. In den sorgfältig gepflasterten Gassen sind einfache Bars und Cafés angesiedelt, in denen die Einheimischen meist unter sich bleiben. Gern wird auch an der Uferpromenade flaniert.

Parken

Parkhaus im Einkaufszentrum am westlichen Kreisverkehr, in der Avenida 25 de Junho, **Parkplätze** in der Rua da Calçada und der Rua do Bom Jesús; beide nördlich der Schnellstraße.

Eine 15 m hohe Christusfigur krönt die Felsnase Ponta do Garajau

Restaurants

€ | Snack Bar O Professor Der Name Snack Bar täuscht: Es gibt authentische einheimische Hausmannskost. ■ Rua da Ponta Nova, Tel. 291633658, wechselnde Öffnungszeiten

Kinder

Aquaparque Große Badeanlage für die ganze Familie mit Rutschen, Tobogganbahnen und zwei Pools (einer nur für Kinder). ■ Ribeira da Boaventura, Tel. 291634408, Juni–Sept. tgl. 10–20 Uhr, 15 €, Familienkarte (2 Erw., 1 Kind) 32 €

12 Machico

Die älteste Siedlung auf Madeira, mit ursprünglicher Altstadt

Die Igreja de Nossa Senhora in Machico stammt aus der Mitte des 15. Jh.

Information

- Posto de Turismo – Aeroporto, Flughafen Madeira, Ankunftshalle, Santa Catarina de Baixo, Santa Cruz, Tel. 291524933, www.cm-machico.pt, www.visitmadeira.pt, tgl. 9–21.30 Uhr, 1. Jan., Ostersonntag und 25. Dez. geschl.
- Parken: siehe S. 51

Machico ist die älteste Stadt der Insel. Heute ist sie eine beschauliche Kleinstadt mit rund 12000 Einwohnern.

Die ersten Siedler landeten zu Beginn des 15. Jh. mit Tristão Vaz Teixeira und João Gonçalves Zarco in der sicheren Hafenbucht. Für großen Reichtum sorgte anfangs der Anbau von Zuckerrohr, weshalb König Alfons V. Machico 1450 Stadtrechte verlieh. Erster Lehnsherr von Machico wurde Tristão Vaz Teixeira, dem vor der Pfarrkirche ein Denkmal gesetzt wurde (Zarco bekam den Westteil mit Funchal zugesprochen). Bis 1497 war Machico Hauptstadt des östlichen und nordöstlichen Teils von Madeira, bis König Johann II. Funchal zur alleinigen Hauptstadt der Insel erklärte.

Am östlichen Ufer des Flusses Ribeira do Machico liegt um den Platz Largo dos Milagres mit der gleichnamigen Kapelle das ehemalige Fischerviertel. Noch heute finden sich die Fischer des

Plan
S. 50

Ortes nach getaner Arbeit in den umliegenden Cafés zum Kartenspielen und Plaudern ein. Zeichen der modernen Zeiten ist ein schicker Jachthafen mit Bar in der Bucht östlich des Flusses. Westlich der Ribeira do Machico erstreckt sich das historische Verwaltungszentrum mit Pfarrkirche.
Die schmalen gepflasterten Gassen laden zum Schlendern entlang der Cafés und kleinen Geschäfte ein. Einheimische flanieren gern am Wochenende über die moderne Uferpromenade und verbringen den Freitag- und Samstagabend am Jachthafen. Die Promenade zieht sich durch die Bucht bis zum aufgeschütteten Sandstrand am östlichen Ende, wo insbesondere in den Sommermonaten ein reger Badebetrieb herrscht.

Sehenswert

1 Igreja de Nossa Senhora da Conceição

| Kirche |

Die Pfarrkirche der Gemeinde geht auf das Jahr 1440 zurück, als die Familie von Tristão Vaz Teixeira sie errichten ließ. Das Portal stammt noch aus dieser Zeit und dürfte das älteste bestehende Bauteil der Insel sein. Die drei hellen Marmorsäulen kamen um das Jahr 1500 dazu, sie sind ein Geschenk von König Manuel I. Ansonsten zeigt die Kirche im Inneren barocke und manieristische Stile. Auf dem Altar thront die Empfängnismadonna, der die Kirche geweiht ist.

■ Largo Dr. António Jardim d'Oliveira, tgl. 9–19.30 Uhr

2 Capela do Senhor dos Milagres

| Kirche |

Die kleine Kapelle im Fischerviertel, auf der Ostseite der Ribeira do Machico, geht auf das Jahr 1420 zurück. Sie wurde noch vor der Pfarrkirche errichtet. Ein Unwetter im Jahr 1803, gefolgt von einer verheerenden Überschwemmung, zerstörte sie fast vollständig. Die Ribeira do Machico trat dabei über die Ufer und schwemmte eine Christusfigur aus dem 15. Jh. ins Meer. Ein amerikanischer Seemann soll sie gefunden und zurückgebracht haben. Die Christusfigur ist das älteste Heiligen-

bildnis der Insel und ist im Hochaltar zu sehen. Vom Originalbau ist nur das Portal erhalten. Es ist von Kreuzen des Christusritterordens, der die Kapelle erbaute, gesäumt.

Laut einer Legende soll vor der offiziellen Entdeckung Madeiras ein schottisch-englisches Liebespaar auf der Insel gestrandet sein. Die adelige Anne Dorset und der Kapitän Robert Machim hatten aus England fliehen müssen, da ihre Eltern die Verbindung missbilligten. Ein Sturm trieb die beiden auf die unbewohnte Insel, wo sie aus Kummer und Gram starben. Bei Grabungen unter der Capela dos Milagres fand man ein Holzkreuz. Vermutlich stand es auf dem Grab des Paares. Eine Nachbildung ist im Museum Solar do Ribeirinho ausgestellt.

■ Largo dos Milagres, meist offen

3 Forte de Nossa Senhora do Amparo

| Festungsanlage |

Der Reichtum der Stadt durch Zucker zog im Laufe der Jahrhunderte Piraten an. Erst Anfang des 18. Jh. ließen die Stadtoberen Machico befestigen. Das Fort im zentralen Bereich der Bucht hat einen dreieckigen Grundriss mit einem Winkel zum Meer hin, zur besseren Verteidigung.

■ Largo Dr. José António d'Almada/Rua do Mercado/Alameda dos Plátanos, keine geregelten Öffnungszeiten

4 Solar do Ribeirinho

| Museum |

Das städtische Museum ist in einem Herrenhaus aus dem 17. Jh. untergebracht. Es befasst sich mit der Geschichte der Stadt seit der ersten Besiedlung. Wichtige Ausstellungsstücke sind Fliesen, Wappen und Formen für Zuckerhüte.

■ Rua do Ribeirinho 15, Tel. 291 96 41 18, Di–Fr 10–12.30 und 14–17.30 Uhr, 1,50 €

5 Miradouro Francisco Álvares de Nóbrega

| Aussichtspunkt |

Auf dem westlichen Bergrücken oberhalb der Stadt liegt eine Aussichtsplattform, von der aus man die Bucht, das Hinterland und die Ponta de São Lourenço überblicken kann. Der Aussichtspunkt liegt an der Regionalstraße ER 224, er ist über einen alten Pflasterweg von Machico aus in ca. 15 Min. zu erreichen. Der Einstieg befindet sich am großen Parkplatz oberhalb des markanten Hotels Dom Pedro Baía Club.

Verkehrsmittel

Bus Zentraler Busbahnhof im Caminho da Ribeira, Ecke Caminho do Engenho beim Continente-Supermarkt. ■ www.sam.pt, Plan S. 50 nördl. a1

Parken

Parkhaus im Fórum Machico, Rua do Ribeirinho (Plan S. 50 b2); **Parkbuchten** in der Rua General António Teixeira de Aguiar am nordöstlichen Ende der Uferpromenade (Plan S. 50 b1) und in der Rua do Leiria am Jachthafen (Plan S. 50 b/c1).

Restaurants

€€ | **Maré Alta** Restaurant mit Glaswänden an der Uferpromenade. Solide Fischgerichte mit Aussicht. ■ Largo da Praça, Tel. 291 60 71 26, tgl. 11–23 Uhr, Plan S. 50 b1

9 €€ | **Marisqueira O Pescador** Großes Lokal, das sich auf Fisch und Meeresfrüchte spezialisiert hat. Die frischen Zutaten aus dem Atlantik liegen in einer Vitrine aus. Am Wochenende essen hier gern einheimische Familien. Im Untergeschoss ist eine urige Weinbar. ■ Rua do Leiria/Rua da Estaca, Tel. 291 96 60 46, tgl. 12–23 Uhr, Plan S. 50 b1

Am Sandstrand in der Bucht von Machico vergnügen sich die Badegäste

Events

Festa do Santíssimo Sacramento e dos Fachos Am letzten Augustwochenende werden im Rahmen dieses Festes zum Allerheiligsten Sakrament sogenannte »fachos« an den Berghängen und in den Tälern aufgehängt und beleuchtet. Dabei handelt es sich um Figuren, Schiffsmodelle, Kreuze und Kränze. Sie symbolisieren die Leuchtfeuer (»facho«), die in früheren Zeiten die Bevölkerung vor Piratenüberfällen warnen sollten.

Festa do Senhor dos Milagres Das Fest am Abend des 8. Oktober mit einer düsteren Prozession zur Hauptkirche erinnert an den großen Erdrutsch vom 9. Oktober 1803, bei dem das Bildnis des »Herrn der Wunder« ins Meer gespült wurde und drei Tage später wieder auftauchte. Seit 1813 befindet sich die Figur in der Capela do Senhor dos Milagres.

Mercado Quinhentista Meist findet am ersten Juniwochenende ein Mittelaltermarkt mit Umzug und Theateraufführungen statt, die die Entdeckerzeiten zum Thema haben. ■ www.mercadoquinhentista.com

In der Umgebung

Pico do Facho

| Aussichtspunkt |

Der Name des Bergs östlich der Stadt geht auf die Fackeln zurück, die in früheren Zeiten als Warnung vor Piraten entzündet wurden. Von einem terrassenförmig angelegten Aussichtspunkt sieht man die Landebahn des Flughafens, den einstigen Walfängerort Caniçal und die Ponta de São Lourenço.

■ ER 214 (Machico–Caniçal)

Im Museu da Baleia von Caniçal dreht sich alles um Wale

ADAC Mittendrin

Auswärts »espetada« (Rindfleischspieß) zu essen, ist nicht nur bei Urlaubern beliebt. Besonders an Wochenenden treibt es auch die Einheimischen in diverse Lokale. Das **Restaurante Portela Á Vista** liegt nicht direkt am Portela-Pass, sondern etwa 100 m abwärts an der Straße nach Machico. Während direkt am Pass häufig Busgesellschaften absteigen, mischen sich hier Bewohner und Besucher.
€€ | Estrada D. António Magalhães 182 (ER 108), Tel. 291 96 31 89, www.facebook.com/rafaelirenejuan.pt, tgl. 9–22, Di nur bis 17 Uhr

Miradouro da Portela

| Aussichtspunkt |
Der Pass liegt auf 600 m Höhe. An den Flanken in Richtung Machico und Porto da Cruz gedeiht in ungewöhnlich tiefen Lagen Lorbeerwald. Passatnebel, der hier häufig über die Kuppen zieht, sorgt für Feuchtigkeit. Vom Pass aus überblickt man die grüne und ursprüngliche Nordseite. Auf dem ausgeschilderten Wanderweg nach Maroços lohnt sich ein kleiner Spaziergang hin und zurück.

■ ER 110/ER 212

13 Caniçal

Ehemaliger Hauptort des Walfangs mit Walmuseum und urigen Fischerkneipen

Im trockenen Osten war Caniçal lange Zeit ein Ort, in dem es sich schwer überleben ließ. Wirtschaftlich besser ging es den Bewohnern erst ab den 1940er-Jahren, als sich hier ein großes Walfangunternehmen ansiedelte. Allerdings dauerte der Aufschwung nur bis 1986, als die Internationale Walfangkommission (IWC) den kommerziellen Walfang verbot. Die heutigen Fischer haben sich auf Thunfisch spezialisiert. Sie angeln ihn nach alter Manier. Schleppnetze werden nicht verwendet.
Großes Einkommen und mehr Arbeitsplätze bieten der Container- und Frachthafen sowie die Freihandelszone östlich des Ortes. In Caniçal selbst ist von dem geschäftigen Treiben allerdings kaum etwas zu merken mit. Der Fischereihafen verströmt noch einen altertümlich-ursprünglichen Charme, und in den Restaurants an der Uferstraße lässt sich günstig guter Fisch essen. Besonders quirlig geht es zu, wenn die Thunfischfischer anlanden. Häufig kommen die Köche aus den Restaurants und kaufen den Fisch direkt vom Boot.

Im Blickpunkt

Walfang »von Hand«

Der Walfang auf Madeira war bis Anfang der 1980er-Jahre, als er auch in Portugal verboten wurde, eine archaische Angelegenheit. Mit schmalen Holzbooten fuhren die Jäger aus und schleuderten die Harpune »von Hand«. An ihren Fangmethoden hatte sich über die Jahrzehnte nichts geändert, daher konnte die Ausfahrt einen tödlichen Ausgang nehmen. Die Walfänger mussten näher an das Tier heran als ein modernes Schiff, auf dem mit Kanonen harpuniert wird. Eine besondere Gefahr stellte die Fangleine dar: Tauchte der getroffene Wal ab, galt es aufzupassen, dass sich niemand im Seil verhedderte.

Sehenswert

Museu da Baleia

| Museum |

10 *Den klugen Meeresriesen gewidmet*

Das Walmuseum liegt in einem modernen Gebäude am Westrand von Caniçal. Die ständige Ausstellung verteilt sich auf 1000 m². Themen sind der Walfang und die verschiedenen Meeressäuger, die rund um Madeira vorkommen. Zu bewundern sind zwei Walmodelle in Originalgröße und alte Walfangboote. Das Museum ist auch an diversen Forschungsprojekten über Wale und Delfine beteiligt.

■ Rua Garcia Moniz 1, Tel. 291961858, www.museudabaleia.org, Di–So 10.30–18 Uhr, letzter Einlass um 16.30 Uhr, Weihnachten und 1. Jan. geschl., 10 €, Kinder 5 €

Prainha

| Strand |

Einer der wenigen natürlichen Sandstrände der Insel liegt auf dem Weg von Caniçal zur Ponta de São Lourenço. Der Sand ist zermalmtes Vulkangestein und daher dunkel. Im Sommer ist ein Strandlokal in Betrieb. Vom Parkplatz an der ER 214 führt ein ca. 200 m langer Pflasterweg hinunter.

Parken

Parkplätze in der Rua do Cais am Fischereihafen und der Uferstraße Rua Marginal da Padadeira sowie an der ER 214 oberhalb der Prainha.

Restaurants

€€ | Bar/Restaurante Amarelo Ein alteingesessenes Restaurant in neuem Gewand. Serviert wird authentische Madeira-Küche. Am Wochenende ist es meist voll. Für den kleinen Hunger bieten sich leckere Fischbrötchen an.

■ Largo Manuel Alves/Cais do Caniçal 2, Tel. 291961798, tgl. 9–23 Uhr

Events

Festa da Senhora da Piedade Am dritten Septemberwochenende wird samstags ein Bildnis der Jungfrau der Gnade von der außerhalb liegenden Capela da Senhora da Piedade mit einer Bootsprozession in den Fischereihafen gebracht. Von dort geht es weiter bis zur Pfarrkirche. Am Sonntag kehrt das Bildnis wieder per Bootsprozession zurück. Das Fest wird von Musikveranstaltungen, Essenständen und Trinkbuden begleitet.

14 Ponta de São Lourenço

6 *Felsig-alpine Landschaft auf Meereshöhe*

Die östliche Landspitze der Insel steht als »Reserva Natural« unter Schutz. Die meiste Zeit des Jahres zeigt sich die Felslandschaft dort karg, Farbtupfer bieten verschiedene Ockertöne der vulkanischen Tuffe und das tiefblaue Meer. Im Frühjahr und Frühsommer sind die Hänge jedoch von einem Blütenteppich überzogen und wirken wie ein angelegter Felsgarten. Die meisten Arten sind Madeira-Endemiten, z. B. die Madeira-Levkoje oder der Prächtige Natternkopf.

Von Caniçal aus führt die Regionalstraße ER 214 vorbei an der Freihandelszone (»Zona franca«) bis fast ans Ende der Insel.

Im Blickpunkt

Der Felsgarten im Frühjahr

Besonders im Frühjahr zeigt sich die Ponta de São Lourenço in sattem Grün. Der Prächtige Natternkopf blüht von Januar bis April hellblau bis violett. Die Drüsige Wolldistel, ein gelber Korbblütler, ist ab April so weit. Gelbe Matten bildet die Färberwaid zwischen März und Mai. Die orange-gelben Schmetterlingsblüten des Hornklees zeigen sich bis in den Juni. Eine Schönheit ist die Madeira-Levkoje mit violetten Rosettenblüten von März bis August. Die Fleischige Kanarenmargerite erinnert an heimische Margeritenarten, ihre Blätter sind jedoch dick und fleischig, um der salzigen und trockenen Luft zu widerstehen. Sie blüht nur von März bis April. Das Eiskraut bildet als Schutz Wasserblasen an Blättern und Stängeln. Das Meeres-Leimkraut blüht bis in den Mai hinein und erinnert an das Taubenkropf-Leimkraut der Alpen.

Sehenswert

Casa do Sardinha

| Besucherzentrum |

In dem ehemaligen Haus eines Ziegenhirten ist eine kleine Ausstellung zur Flora und Fauna der Ostspitze untergebracht. Davor befinden sich Bänke und Tische unter Dattelpalmen, die an dem sehr sonnigen Flecken Schatten spenden. Ein Café ist angeschlossen.

Cais do Sardinha

| Strand |

Neben der Casa do Sardinha beginnt ein gepflasterter Fußweg zum Cais do Sardinha am Meer. Bei ruhiger See kann man hier baden. Der Zugang ins Wasser erfolgt über den grobkiesigen Strand oder über eine Metallleiter am Ende einer Betontreppe. Infrastruktur wie Duschen oder Toiletten gbit es hier nicht.

Parken

Casa und Cais do Sardinha erreicht man nur zu Fuß vom großen Parkplatz am Ende der ER 214 an der Baía d'Abra.

Wandern

Der gut gesicherte und präparierte Wanderweg **PR 8** erschließt die eindrucksvolle Felslandschaft. Für den ganzen Weg sollte man (hin und zurück) 3–4 Std. einplanen; Wanderschuhe mit gutem Profil sind ratsam. Für Personen über 12 Jahren wird eine Gebühr von 1 € erhoben, Tickets gibt es online (simplifica.madeira.gov.pt). Auf einem Schild am Beginn der Wanderung und auch ein Stück weiter befindet sich ein QR-Code, der auf die Bezahlseite leitet.

ADAC Mobil

Die **Ponta de São Lourenço** lässt sich gut in ca. 75 Min. mit dem öffentlichen Bus besuchen. Vormittags existieren fünf Verbindungen von Funchal zur Baía d'Abra, nachmittags sechs bis sieben Verbindungen zurück nach Funchal. Die letzte Rückfahrt erfolgt Mo–Sa um 19.35 Uhr, So um 18.15 Uhr.
Linie (»carreia«) 113, www.sam.pt

Übernachten

Die meisten Hotels liegen im westlichen Stadtteil von Funchal. Dort reiht sich ein großes Hotel ans andere. Viele gehören zur Kategorie vier oder fünf Sterne. Die Sehenswürdigkeiten der Stadt sind von hier aus nicht mehr leicht zu Fuß zu erreichen, jedoch ist die Busverbindung ins Zentrum gut. In der Altstadt und in der Baixa sind die Unterkünfte nicht so dicht gesät, dennoch finden sich Wohnmöglichkeiten der mittleren und gehobenen Qualität.
Ein weiteres wichtiges Ferienzentrum ist Caniço. Im Ortsteil Caniço de Baixo gibt es für jeden Geschmack eine Unterkunft. Auch Santa Cruz und Machico verfügen über Hotels und Pensionen.

Funchal 18

€ | Residencial Zarco Die einfache Unterkunft besticht durch ihre Lage mitten in der Altstadt. Die Zimmer sind funktional eingerichtet. Alles ist sauber. In einem Haus ca. 200 m entfernt werden Apartments mit Küchenzeile vermietet. ■ Rua da Alfândega 113, 9000-059 Funchal, Tel. 291 22 37 16, www.residencialzarco.com

€€ | Albergaria Dias Das familiär und freundlich geführte Altstadthotel ist trotz der Lage in der Altstadt ruhig. Die Zimmer haben einen Balkon und es gibt einen Pool. ■ Rua Bela São Tiago 44 B, 9060-400 Funchal, Tel. 291 20 66 80, www.albergariadiashotel.com

€€ | Aparthotel Imperatriz Das Hotel liegt am Westrand der Baixa, am Beginn des Hotelviertels. Zum Jachthafen sind es zu Fuß ca. 15 Min. Die Apartments sind alle mit einer kleinen Küchenzeile ausgestattet und verfügen über einen Balkon. ■ Rua Imperatriz D. Amélia 72, Tel. 291 23 34 56, www.hotel-imperatriz.com

€€€ | Castanheio Boutique Hotel Das Hotel ist sehr verwinkelt, da es aus fünf restaurierten Stadthäusern besteht. Das Ambiente ist angenehm städtisch. Auf dem Dach befindet sich ein Panoramapool mit Blick über die Stadt. ■ Rua do Castanheiro 31, 9000-081 Funchal, Tel. 291 20 01 00, www.castanheiroboutiquehotel.com

€€€ | Pestana Casino Park Großes bezahlbares Fünf-Sterne-Hotel am Rand der Baixa. Das Zentrum ist gut zu Fuß erreichbar. Der brasilianische Architekt Oscar Niemeyer hat das Hotel entworfen. Der Pool liegt in einem großen Garten. Ansonsten bietet das Hotel den üblichen Luxus. ■ Rua Imperatriz D. Amélia, 9004-513 Funchal, Tel. 291 20 91 00, www.pestana.com

Santo António da Serra 44

€€ | Enotel Golf Die Zimmer verteilen sich auf mehrere Flügel um einen parkartigen Innenhof. Das Ambiente rangiert zwischen gediegen, rustikal und modern. Die Zimmer sind im traditionellen Stil eingerichtet. Die Buffets zum Frühstück und Abendessen sind umfangreich und vielseitig. ■ Sítio das Casas Proximos, 9200-152 Santo da Serra, Tel. 291 55 05 50, www.enotel.com

Caniço 45

€€ | Galosol Das Hotel bietet soliden Standard. Die Zimmer sind groß und komfortabel. Im Restaurant wird Wert auf gesunde Küche gelegt. Umfangreiches Sportangebot. ■ Rua Dom Francisco Santana, 9125-031 Caniço de Baixo, Tel. 291930930, www.galoresort.com

€€ | Hotel Vila Ventura In dem familiär geführten Aparthotel haben alle Zimmer eine Küchenzeile und einen Balkon. Das Gartenrestaurant mit Grillspezialitäten ist auch bei auswärtigen Gästen beliebt. ■ Caminho Cais da Oliveira, 9125-028 Caniço de Baixo, Tel. 291934611, www.villa-ventura.com

€€ | Residencial Klenks Cafe Im Angebot sind einfache, aber gemütliche Zimmer, Ferienwohnungen für bis zu sechs Personen und moderne Apartments mit komplett ausgestatteter Küche. Hervorzuheben ist das umfangreiche Frühstück. Die Unterkunft liegt zwischen Caniço und Caniço de Baixo. ■ Estrada Ponta de Oliveira 57, 9125-035 Caniço, Tel. 291934316, www.madeira-caferustico.com

€€€ | Quinta Splendida Die Zimmer (vom Standardzimmer bis zur Luxussuite) verteilen sich auf mehrere Gebäude in einem Botanischen Garten. Alle Zimmer verfügen über Balkon oder Terrasse, die meisten außerdem über eine Küchenzeile. ■ Estrada Ponta da Oliveira 11, 9125-001 Caniço, Tel. 291930400, www.quintasplendida.com

Santa Cruz 47

€€ | Solar de Bom Jesus In einem restaurierten Herrenhaus aus dem 18. Jh. lässt es sich in 31 Zimmern komfortabel wohnen. ■ Estrada da Ribeira 4, 9100-169 Santa Cruz, Tel. 291603093, www.hotelsolarbomjesus.com

Machico 48

€€ | Dom Pedro Madeira Ordentliches Großhotel in der Bucht. Keine Augenweide, aber professioneller Service und vernünftige Zimmer. ■ Estrada de São Roque, 9200-126 Machico, Tel. 291969500, www.dompedrobaiahotel.com

ADAC Das besondere Hotel

Wohnen in einer zum Meer hin offenen Hütte, direkt über dem Tosen des Atlantiks, das bietet **Galo Resort Glamping**. Strom gibt es keinen, dafür wird eine Laterne zur Verfügung gestellt. Die Holzhütten befinden sich direkt an der Meeresbadeanlage des Hotels Galomar. Die Annehmlichkeiten des Hotelkomplexes Galo Resort können mitgenutzt werden.

€€ | Rua D. Francisco Santana, 9125-031 Caniço de Baixo, Tel. 291930930, www.galoresort.com/glamping, nur im Sommer

Der Nordosten und das zerklüftete Hochgebirge

Urwälder und bizarre Felslandschaften zeichnen den Nordosten und das zentrale Bergland aus

Der Norden ist viel dünner besiedelt als der Süden, das Gebirge gar nicht. Der Tourismus steckt hier noch in den Anfängen, was mit dem Wetter zusammenhängt: Lorbeerwälder, Natur und Berge lieben Nebel, Regen und Kühle, Urlauber eher Sonne und gemäßigte Temperaturen. Nur durch die vermeintliche Unbill des Klimas konnte sich in diesem Inselteil die ursprüngliche Natur bilden und halten.

Besuchermagneten sind das UNESCO-Weltnaturerbe Lorbeerwald und die eindrucksvolle Hochgebirgswelt.

Ruhige Unterkünfte finden sich in Dörfern ohne Trubel, größere Hotels lediglich in Santana und Ponta Delgada. Die Bewohner der Dörfer führen ein beschauliches, von der Landwirtschaft geprägtes Leben. Der Weg nach Funchal ist häufig weit und umständlich, da ein Großteil der Straßen noch dem alten Verlauf wie schon vor hundert Jahren folgt.

In diesem Kapitel:

15 **Porto da Cruz** 60
16 **Faial** 62
17 **São Roque do Faial** 62
18 **Ribeiro Frio** 63
19 **Pico do Arieiro** 65
20 **Santana** 67
21 **Queimadas** 68
22 **Pico Ruivo** 69
23 **São Jorge** 70
24 **Arco de São Jorge** 71
25 **Boaventura** 71
26 **Ponta Delgada** 72
Übernachten 73

ADAC Top Tipps:

7 **Pico do Arieiro**
| Berg |

Der dritthöchste Gipfel der Insel ist in wenigen Schritten bestiegen. Die gezackte Umgebung fällt vorwiegend senkrecht ab. Häufig steht man über den Wolken. Auch im Sommer kann es hier empfindlich kalt sein. 65

ADAC Empfehlungen:

11 **Companhia dos Engenhos do Norte, Porto da Cruz**
| Zuckerrohrfabrik |

Die Zuckerrohrpressen hier sind die einzigen, die noch mit Dampfmaschinen betrieben werden. 60

(12) Balcões, Ribeiro Frio
| Aussichtspunkt |
Der Aussichtspunkt mitten im Lorbeerwald ist auf einem leichten Spaziergang von Ribeiro Frio aus zu erreichen. 63

(13) Miradouro Ninha da Manta
| Aussichtspunkt |
Reinschnuppern in die Hochgebirgswelt der Insel ist auf einem kurzen Weg von Pico do Arieiro zur Aussichtskanzel möglich. 65

(14) Casas de Colmo, Santana
| Architektur |
Santana ist für seine traditionellen strohgedeckten Häuser bekannt. Am Rathausplatz können sie genauer betrachtet werden. 67

(15) Roseiral da Quinta do Arco, Arco de São Jorge
| Garten |
In Arco de São Jorge liegt der einzige reine Rosengarten der Insel mit über tausend Arten. 71

(16) Igreja Senhor Bom Jesús, Ponta Delgada
| Kirche |
Eine Besonderheit der Kirche von Ponta Delgada aus dem 16. Jh. ist das moderne Deckengemälde im ansonsten barocken Inneren. 72

15 Porto da Cruz

Beschauliches Dorf an der Nordküste mit ihrer wilden Brandung

Die ersten Siedler stellten bei ihren Erkundungsfahrten an der unzugänglichen Nordküste in einer Bucht ein Kreuz auf. Der Name Porto (Hafen) da Cruz (des Kreuzes) war geboren.

Auf der Nordseite wurde das Gebiet um Porto da Cruz als Erstes besiedelt. Es sollte noch mehrere Jahrzehnte dauern, bis der restliche Norden erschlossen wurde.

Die Ruine einer Zuckerrohrfabrik am südöstlichen Beginn der kurzen Uferpromenade erinnert an rosige Zeiten. Am anderen Ende liegt ein Meeresschwimmbecken. Baden ist meist nur in den Sommermonaten möglich. Drei Cafés mit Restaurantbetrieb bieten Sitzgelegenheiten am Meer, von wo aus sich die gewaltige Brandung beobachten lässt.

An der westlichen Seite der Landzunge, die sich vom Ortszentrum nach Norden ins Meer schiebt, erstreckt sich der Stadtstrand Praia da Alagoa.

Sehenswert

Companhia dos Engenhos do Norte

| Zuckerrohrfabrik |

11 *Altertümliche Maschinen, die immer noch produzieren*

Die Zuckerrohrfabrik wirkt wie aus den Anfängen der Industrialisierung. Sie ist eine von drei Anlagen, die noch arbeiten und Schnaps, Melasse und Rum produzieren. Die Fabrikgebäude stammen von 1927, die Maschinen sind älter. Geerntet wird zwischen April und Juni,

Im ruhigen Örtchen Porto da Cruz wird bis heute Zuckerrohrschnaps produziert

dann stehen LKWs in langen Kolonnen vor der Laderampe. Das Rohr wird in mehreren Durchgängen gepresst. Heraus kommt ein trüber Zuckersaft, der weiterverarbeitet wird.
Der Aguardente »Branca« ist ein starker junger Schnaps mit 40 bis 55 Vol.-%. Etwas weicher im Geschmack ist der »970 Reserva«. Er lagert fünf Jahre im Fass und hat 40 Vol.-%.
Direkt neben der Fabrik ist die Probierstube. Dort wird auch frisch zubereiteter Poncha angeboten: Die klassische Mischung besteht aus Zuckerrohrschnaps, Honig sowie Orangen- und Limettensaft. Es gibt verschiedene Varianten, z. B. mit Maracujasaft. Rum, Schnaps, Poncha und Zuckerrohrmelasse stehen auch zum Verkauf.
■ Casa Próximas, , Rua do Cais 6, auf der Landzunge nordöstlich des Zentrums, Buslinien der Gesellschaft SAM, Linien 53 und 78, Tel. 291742935, www.engenhosdonorte.com, Mo–Sa 9–18 Uhr

Im Blickpunkt

Weißes Gold – Zuckerrohranbau auf Madeira

Die ersten Zuckerrohrpflanzen kamen auf Initiative von Infante Henrique (Heinrich der Seefahrer) Mitte des 15. Jh. nach Madeira. Kurz darauf erblühte der Handel mit dem »weißen Gold«, das lange Zeit Königen, Herrschern und Adeligen vorbehalten war. Auf Madeira begann eine Art Goldrausch. Schnell breitete sich der Zuckerrohranbau in die tropische und subtropische Welt aus: Kanaren, São Tomé, Antillen, Brasilien. 1630 eroberten Niederländer Olinda, damals das Zentrum des brasilianischen Zuckerrohranbaus, und die Portugiesen verloren ihr weltweites Monopol.

Parken

Großer **Parkplatz** am Ortsrand, Zufahrten über Caminho Velho do Massapez und Rua Marechal Spinola.

Restaurants

€ | **Praça do Engenho** Schöne Lage direkt an der Uferpromenade mit Tischen draußen; bei schlechtem Wetter oder Wind drinnen. Einfache, aber solide Küche. ■ Rua da Praia, Tel. 29156 3680, www.costa-linda.net/restaurant, tgl. 8–23 Uhr

Events

Festival Apanha da Cana Ein bis zwei Wochen nach Ostern findet in Porta da Cruz das Fest der Zuckerrohrernte statt, mit diversen Poncha- und Verpflegungsständen. Der genaue Termin wird auf Facebook veröffentlicht (www.facebook.com/freguesiaportodacruz).
Festa da Uva e do Agricultor Neben dem Zuckerrohranbau ist die Weinproduktion ein wichtiges Standbein. Am ersten Wochenende im September feiert das Dorf die Weinlese.

Sport

Calhau Surf School Madeira hat sich in den letzten Jahren zum Paradies für Wellenreiter entwickelt. Bei der Calhau Surf School bekommen Anfänger eine sanfte Einweisung. Lehrsprache ist Englisch. ■ Rua da Praia 25, Sítio das Casas Próximas, Mobil 926189894, www.madeiracalhausurfschool.com

16 Faial

Der Bauernort ist von Terrassenkulturen mit subtropischem Obst umgeben

Ruhig und beschaulich geht es in diesem Dorf mit ca. 1500 Einwohnern zu. Am meisten spielt sich um den zentralen Kirchplatz ab, von dem sich ein schöner Blick in die urige Landschaft werfen lässt.
Südlich des Zentrums liegt der Aussichtspunkt Miradouro da Pedreira, nördlich außerhalb des Ortes der Miradouro do Fortim. Beide blicken auf den markanten Penha de Águia (»Adlerfelsen«).
Eine landschaftlich reizvolle Bademöglichkeit besteht an der Küste an der Mündung des Flusses Ribeira São Roque do Faial. Der Strand Praia do Faial liegt an einer künstlichen Lagune, die von hohen Basaltsäulen gesäumt wird.

Sehenswert

Miradouro do Fortim

| Aussichtspunkt |
An exponierter Stelle nördlich des Ortes liegt eine alte Festungsanlage aus dem 18. Jh. Zehn britische Kanonen zielen aufs Meer. Der Blick schweift nach Faial und auf den Adlerfelsen, den Penha de Águia. Er erinnert an einen Adler mit halb ausgebreiteten Schwingen. Früher gab es hier Seeadler.
Der Aussichtspunkt ist von der alten Regionalstraße ER 213 nach Santana ausgeschildert.
■ Estrada do Fortim

ADAC Spartipp

An der Küste unterhalb von Faial erstreckt sich an der Praia do Faial ein **Strand** an einer künstlichen Lagune. Die Umkleidekabinen und Duschen können ohne Gebühr benutzt werden. Kurz vor dem Ortszentrum führt die Estrada da Praia do Faial von der Schnellstraße VE 1 zum Strand.

Parken

Parkbuchten beim Restaurant A Chave in der Rua João Fernandes Viera.

Restaurants

€ | A Chave Traditionelles Restaurant mit solider Hausmannskost und schöner Terrasse. ■ Largo da Igreja, Tel. 29157 3262, tgl. geöffnet

Events

Festa da Anona Ende Feb./Anfang März, wenn die Anonas (Annona cherimola, besser bekannt als Cherimoyas) reif sind, feiert man in Faial ein Fest. Es finden Ausstellungen der schönsten Früchte und Verkostungen statt.

17 São Roque do Faial

Bergdorf inmitten von Obst- und Gemüsegärten

Die gut 700 Einwohner des Bergdorfs bleiben meistens unter sich. Gelegentlich steigen Wanderer bei einer Inseldurchquerung ab. Ein richtiges Dorfzentrum gibt es nicht. Die Häuser verteilen sich über einen Bergrücken, dessen Flanken sorgfältig terrassiert sind.
Den besten Einblick in das einfache Landleben erhält man auf einem Spa-

Vom »Balkon« reicht die Aussicht bis zu den höchsten Gipfeln Madeiras

ziergang über die Hügel auf restaurierten Verbindungswegen.
Der Miradouro do Chão do Cedro Gorgo bietet einen schönen Blick auf den Adlerfelsen.

Parken

Nur an der Durchgangsstraße vereinzelt **Parkbuchten**.

18 Ribeiro Frio

Staatliche Forellenzucht und üppig wachsender Lorbeerwald

Ribeiro Frio liegt in ca. 850 m Höhe und somit mitten in der Lorbeerwaldzone. Ein Dorf im eigentlichen Sinne ist es nicht. Im »Zentrum« gibt es einen Souvenirladen, ein Café und ein Restaurant sowie das Forsthaus mit Forellenzucht. Wegen des wildromantischen Ambientes ist die Häuseransammlung um die Forellenzucht ein beliebtes Ziel von Busgesellschaften. Fast alle Agenturen und Busunternehmen der Insel kommen hierher, meist zwischen 10 und 13 Uhr. Wer den großen Andrang umgehen möchte, sollte daher früher oder später eintreffen.

Sehenswert

Balcões

| Aussichtspunkt |

12 *Leicht erreichbarer Aussichtspunkt im Urwald*

Über dunkelgrünen Lorbeerwäldern erhebt sich die spektakuläre Aussichtskanzel. Bei wolkenfreiem Himmel reicht der Blick bis auf die höchsten Gipfel: links der Pico do Arieiro (1818 m) mit der Radarstation, gleich rechts daneben im Sattel die markante Spitze des Pico do Gato (1782 m), anschließend der zerklüftete Pico das Torres (1851 m) und fast schon unscheinbar ganz rechts der höchste Gipfel, Pico Ruivo (1862 m). Tief im Tal ist das Wasserkraftwerk von Fajã da Nogueira zu sehen.

Der Aussichtspunkt ist nur zu Fuß erreichbar. Der Weg dorthin ist leicht. Los geht es unterhalb des Restaurants Ribeiro Frio, wo die Levada do Furado die Regionalstraße quert. Ihr folgt man in Richtung Norden, Schilder weisen den Weg. In etwa 30 Min. gelangt man nach Durchqueren eines Felsspalts an den Zuweg zum Aussichtspunkt, der dann in wenigen Minuten erreicht ist.

Parque Florestal do Ribeiro Frio

| Waldlandschaft |

Einen umfassenden Überblick über die Gewächse des Lorbeerwalds vermittelt ein Naturlehrpfad (30 Min.) gegenüber der Forellenzucht. Man passiert die wichtigsten Bäume, Büsche, Farne und einige Informationstafeln (Portugiesisch und Englisch).

Bei Nässe ist der Pfad rutschig.

■ ER 103, frei zugänglich

Estação Piscícola

| Forellenzucht |

Mehrere in Stein gefasste Becken sind übereinander angeordnet. Pflasterwege durchziehen das parkartige Gelände. Natternköpfe, Azaleen und Rhododendren verschönern die Umgebung mit ihren Blüten. Seit 1950 werden hier Forellen gezüchtet, um sie in die Gewässer der Insel zu entlassen. Einige tummeln sich auch in den Levadas im Gebirge. In den ersten Jahren wurden europäische Bachforellen gezüchtet, heute sind es nordamerikanische Regenbogenforellen.

■ ER 103, frei zugänglich, 1 €

Verkehrsmittel

Bus Linien 56 und 103 von Horários do Funchal Serciço interurbano fahren in Funchal in der Rua José da Silva an der Talstation der Seilbahn nach Monte ab.

■ www.horariosdofunchal.pt

Parken

Kleiner **Parkplatz** südlich der Forellenzucht an der ER 103; wenige Stellplätze direkt gegenüber der Forellenzucht; kleiner Parkplatz gegenüber dem Restaurant Ribeiro Frio.

Restaurants

€€ | Ribeiro Frio Rustikales Restaurant mit ländlicher Gemütlichkeit. Spezialität sind Forellen auf alle möglichen Zubereitungsarten. Uriger Barbereich mit Kamin. ■ Estrada da Laurisilva, ER 103, Tel. 291 57 58 98, www.facebook.com/RestauranteRibeiroFrio, tgl. 9–19 Uhr

Einkaufen

Cold River Souvenir's Der gut sortierte Souvenirshop liegt an der Durchgangsstraße unterhalb der Forellenzuchtstation. ■ tgl. 9–18 Uhr

Wandern

Auf der gegenüberliegenden Straßenseite der Levada, die zum Aussichtspunkt Balcões führt, beginnt der offizielle Wanderweg **PR 10**. Entlang der Levada do Furado wandert man durch urtümlichen Lorbeerwald bis zum Miradouro da Portela am Portela-Pass oberhalb von Machico. Auch wenn die Wanderung nur 11 km lang ist, sollte man rund 4 Std. einplanen.

19 Pico do Arieiro

7 *Bester Ausblick in die zerklüftete Bergwelt Madeiras*

Mit 1818 m ist der Pico do Arieiro der dritthöchste Gipfel Madeiras. Durch direkten Straßenanschluss ist er leicht zu besteigen: Vom Parkplatz aus führt eine Treppe hinauf zum Café, von dort sind lediglich 20 Höhenmeter auf einer Treppe aus vulkanischem Gestein zu überwinden. Dabei passiert man eine große Radarstation der portugiesischen Luftwaffe. Vom Gipfel aus schweift der Blick über das stark zerklüftete Zentralgebirge. Felstürme, Zacken und natürliche Steinmauern beherrschen das Bild. In verschiedenen Ocker-, Rot- und Grautönen strahlt das Gestein. Steile unzugängliche Täler ziehen sich bis ans Meer. In Richtung Nordwesten erhebt sich der Pico das Torres (Berg der Türme), erkennbar an seinen turmartigen Gipfelstrukturen. Mit 1851 m ist er der zweithöchste Berg der Insel. Dahinter versteckt sich der höchste Berg, der Pico Ruivo (1862 m, S. 69). Man sieht nur die Westflanke und – mit geübtem Blick – die Gipfelsäule.

Gleich am Parkplatz befindet sich ein Souvenirgeschäft. Etwa 1 km unterhalb, an der Zufahrtsstraße, befindet sich ein Ausweichparkplatz falls der obere Parkplatz voll sein sollte.

Sehenswert

Centro Freira-da-Madeira Dr. Rui Silva

| Ausstellung |

Gegenüber vom Café ist ein zweites Souvenirgeschäft angesiedelt, durch das man durchgehen muss, um zu dem etwas versteckten Besucherzentrum zu gelangen. Es widmet sich den ersten Bergsteigerversuchen und dem Madeira-Sturmvogel (»freira da Madeira«).

■ ifcn.madeira.gov.pt, tgl. 9–16 Uhr, Eintritt frei

Miradouro Ninho da Manta – auf dem Weg vom Pico do Arieiro zum Pico Ruivo

Miradouro Ninho da Manta

| Aussichtspunkt |

13 *Ein kurzer Abstecher in die Felslandschaft*

Felstürme, grün, ocker, braun, umgeben den Beobachter auf der Felsnase, die übersetzt »Bussardnest« bedeutet. Der Aussichtspunkt ist der erste auf dem spektakulären Weg vom Pico do Arieiro zum Pico Ruivo. Wer nicht den gesamten Weg gehen möchte, bekommt hier einen Eindruck von der Landschaft und den Schwierigkeiten der ersten Bergsteiger, die ohne gesicherte Pfade die Berge erkundeten.

Solche strohgedeckten Nurdachhäuser sind typisch für Santana

Der Aussichtspunkt ist in ca. 20 Min. vom Pico do Arieiro aus erreicht. Man folgt der Beschilderung zum Pico Ruivo. Der Kammweg ist auf den ersten Metern dem Wind ausgesetzt. Vor plötzlichen Böen ist Vorsicht geboten. Unterwegs sind einige Steinstufen zu überwinden.

Parken

Großer **Parkplatz** direkt unterhalb des Gipfels.

Erlebnisse

Madeira Wind Bird Eine Vogelbeobachtungstour führt vom Pico do Arieiro zu den Brutplätzen des gefährdeten Madeira-Sturmvogels (lat. Pterodroma madeira). Es geht bei der Tour hauptsächlich um den Ruf des nachtaktiven Vogels. Madeira Wind Bird bietet den Ausflug zwischen April und August um ca. 21 Uhr an. Die Teilnehmerzahl ist auf maximal sieben Personen beschränkt, Erläuterungen nur auf Englisch und Portugiesisch. Im Angebot sind noch andere Streifzüge. Kontakt ausschließlich übers Internet oder per Telefon. ■ Tel. 291 09 80 07, Mobil 917 77 74 41, www.madeirawindbirds.com, 50 € bei Online-Buchung

Wandern

Direkt unterhalb des Pico Arieiro beginnt der offizielle Wanderweg **PR 1**. Er führt gut markiert und gesichert in steilem Auf und Ab bis zum Pico Ruivo. Dabei sind mehrere steile Fels- und Metalltreppen zu überwinden. Eine Taschenlampe ist für Tunnel notwendig. Für die gesamte Strecke hin und zurück sollten auch geübte Wanderer mindestens 6 Std. einplanen.

20 Santana

Landstädtchen im Norden mit traditionellen Strohdachhäusern

Die Gegend um Santana wurde Mitte des 16. Jh. besiedelt. Seit 2001 darf sich Santana mit etwas über 3000 Einwohnern »Cidade« (portugiesische Städtekategorie, am ehesten mit »Großstadt« zu vergleichen) nennen.

Besuchermagnet von Santana sind die mit Weizenstroh gedeckten Häuser, die »casas do colmo«. Sie stehen heute unter Denkmalschutz. Die Häuser mit Wellblechdach, die man immer wieder sieht, sind übrigens Ställe (»palheiros«). Von Santana aus soll sich die Bauweise der »casas do colmo« auf der ganzen Insel ausgebreitet haben. Der Ursprung dürfte vermutlich bis in die Zeit der Kelten vor ca. 2000 Jahren zurückreichen.

Das Gemeindegebiet von Santana reicht vom Meer bis zum Pico Ruivo. Sämtliche Vegetationsstufen der Insel zählen dazu. Aus diesem Grund erklärte die UNESCO das gesamte Gebiet 2011 zum Biosphärenreservat.

Sehenswert

Casas de Colmo

| Architektur |

14 *Strohgedeckte Häuser wie in alten Zeiten*

Neben dem Rathaus (Câmara Municipal) sind vier traditionelle Häuser aufgebaut. In einem davon ist die Touristeninformation untergebracht, in den anderen werden Souvenirs und regionale Spezialitäten wie Kekse, Liköre oder Poncha verkauft. Die Häuser haben die typische Größe, wie sie für große Familien üblich war. Platz war wenig. Die mühsam gedeckten Dächer können hier aus der Nähe betrachtet werden.

■ Rua do Sacristão

Verkehrsmittel

Bus Linien 56 und 103 von Horários do Funchal Serviço interurbano ab Funchal in der Rua José da Silva, an der Talstation der Seilbahn nach Monte. Ab Santana in der Rua de Santa Ana und am Centro de Saúde in der Avenida Manuel Marques da Trinidade. ■ www.horariosdofunchal.pt

Parken

Parkbuchten beim Rathausplatz und entlang der Zufahrtsstraße Avenida Manuel Marques da Trinidade.

Restaurants

€€ | Churrascaria Caldeirão Verde Bei Einheimischen beliebtes Grillrestaurant. Sehr große Portionen zu angemessenen Preisen. ■ Avenida Manuel Marques da Trinidade, Tel. 291576185, tgl. 10–22 Uhr

€€ | O Colmo Restaurant des gleichnamigen Hotels. Professioneller Service und einheimische Küche. ■ Avenida Manuel Marques da Trinidade 42, Tel. 291570290, www.restaurant.hotelocolmo.com, tgl. 7.30–22 Uhr

€€€ | Quinta do Furão Edles Restaurant des gleichnamigen Landhotels. Erstklassige portugiesische Küche wird leicht und mediterran interpretiert. Bei den Zutaten legt der Küchenchef Wert auf ökologische und heimische Produkte. ■ Estrada Quinta do Furão 6, Tel. 291570100, www.quintadofurao.com, tgl. 12–15.30 und 18–21.30 Uhr

Cafés

A Espiga Das kleine Lokal ist eine Kombination aus Café und Restaurant. Das meiste auf der überschaubaren Karte sind typische Tellergerichte. Eine Besonderheit sind die guten Kuchen. Hervorzuheben ist der Apfelkuchen. ■ Avenida Manuel Marques da Trinidade/ Avenida 25 de Maio, Tel. 291572241, tgl. 7–23 Uhr

Einkaufen

Feira Agrócola Bauernmarkt am Rathausplatz mit Produkten aus der Umgebung. ■ Fr–So 9–18 Uhr

Kinder

Parque Temático da Madeira Großer Freizeitpark mit allen möglichen Aktivitäten, die mit Madeira zu tun haben. So kann man beim Brotbacken oder beim Spinnen und Weben zuschauen. Mit einem Bimmelbähnchen lässt sich bequem das Gelände erkunden. Es empfiehlt sich ein Besuch am Sonntag, wenn viele einheimische Familien hier sind, dann finden die Vorführungen häufiger statt. ■ Estrada do Parque Temático 1, Fonte da Pedra, Tel. 29157 0410, www.parquetematicodamadeira.pt, April–Sept. tgl. 10–19, Okt.–März 10–18, am 24. und 31. Dez. nur bis 15 Uhr, 25. Dez. geschl., pauschal 10 €, Kinder (6–14 Jahre) 6 €, Attraktionen kosten zusätzlich 1–6 €

Events

48 Horas a Bailar Das Folklorefestival ist eines der größten der Insel. Innerhalb von zwei Tagen treten Gruppen von Madeira und vom Festland auf. Termin ist ein Wochenende in der ersten Junihälfte. ■ www.cm-santana.pt (unter »eventos«)

Festa das Vindimas Das große Weinlesefest findet Anfang Sept. auf dem Gelände des Hotels Quinta do Furão statt. Es besteht die Möglichkeit, beim Pressen mitzuhelfen. ■ www.quintadofurao.com

21 Queimadas

Lauschiges Picknickgelände und wildromantischer Rhododendronpark

Queimadas liegt mitten in der Lorbeerwaldzone, sodass ein Eintauchen in den Urwald bequem möglich ist. Den Namen Queimadas (»Verbranntes«, »Verkohltes«) verdankt der Ort den Köhlern, die hier ihrem Handwerk nachgingen.

Die beiden urigen Häuser gehören der Forstverwaltung. Sie sind wie in Santana mit Stroh gedeckt, doch deutlich größer als die typischen »Santana-Häuser«. In einem davon ist ein Café untergebracht, in dem es oft hausgemachte Kuchen gibt. Angeschlossen ist ein Picknickgelände mit Ententeich und einem Schweinegehege. Die kleinwüchsige Rasse tummelte sich früher frei in den Wäldern.

Das Gelände ist von einem romantischen Rhododendronpark umgeben, in den einige Pfade führen.

ADAC Mobil

Die Häuser von Queimadas sind entweder über eine sehr schmale Straße von Santana aus zu erreichen oder **zu Fuß** von Pico das Pedras, an der Straße von Santana nach Achada do Teixeira (ER 218, Estrada do Pico das Pedras, ca. 30 Min. Fußweg).

Entlang einer Levada können immer wieder Wasserfälle auf den Weg donnern

Parken

Ein **Parkplatz** befindet sich am Ende der Zufahrtstraße (ca. 3 €/Tag).

Wandern

In Queimadas beginnt die **Levada do Caldeirão Verde**. Sie verläuft gut gesichert teils in der senkrechten Felswand und führt durch mehrere Tunnel in den »grünen Kessel«, in den sich je nach Jahreszeit ein eindrucksvoller Wasserfall ergießt. Die Wanderung ist der offizielle Weg PR 9. Rund 4–5 Std. sollte man für den Hin- und Rückweg schon einplanen.

Ein einfacher und kurzer Wanderweg führt von der Straße ER 218 Santana–Achada do Teixeira vom Picknickgelände **Pico das Pedras** (beschildert) in ca. 30 Min. durch üppigen Lorbeerwald nach Queimadas.

22 Pico Ruivo (de Santana)

In rund einer Stunde den höchsten Berg der Insel erklimmen

Der Pico Ruivo (1862 m) ist leicht zu besteigen. Vom Felsplateau Achada do Teixeira am Ende der ER 218 führt ein gepflasterter Weg in einer Stunde auf den Gipfel (markierter Weg PR 1.2). Von dort ergibt sich ein 360°-Blick. In Richtung Pico do Arieiro (Süden) beeindrucken bizarre Felsformationen, in Richtung Südwest sind die Ausläufer des Nonnentals (Curral das Freiras) zu sehen. Über dem Tal thront der Pico Grande. Nach Westen blickt man auf die Hochebene Paúl da Serra. Direkt am Einstieg zum Weg liegt die Berghütte Mountain Spot Café, 100 Höhenmeter unterhalb des Gipfels die bewirtschaftete Casa do Abrigo do Pico Ruivo.

Parken

Ein großer **Parkplatz** befindet sich an der Achada do Teixeira.

23 São Jorge

Ruhiges Dorf mit fotogenen strohgedeckten Häusern

São Jorge liegt abseits der großen Touristenströme. Während alle im benachbarten Santana haltmachen, geht es in dem Dorf mit knapp 1500 Einwohnern beschaulich zu.

Die strohgedeckten Häuser haben nicht die typische Dreiecksform, sondern wirken mit ihrem quadratischen Grundriss gedrungener. Schöne Exemplare stehen in der Rua de São Pedro, die von der Kirche in Richtung Friedhof verläuft. Die Pfarrkirche von 1761 ist die größte reine Barrockkirche der Insel. Sie ist dem Drachentöter Georg geweiht.

Unterhalb des Friedhofs liegt der Aussichtspunkt Miradouro do Cabo Aéro mit Blick auf die steilen Abbrüche. Ein weiteres Panorama ergibt sich vom Miradouro da Vigia, westlich des Zentrums am Steilabbruch. Der Aussichtspunkt ist vom Zentrum aus als »Vigia« ausgeschildert. Der Blick reicht über Arco de São Jorge, Ponta Delgada und Seixal bis nach Porto Moniz.

Parken

Großer **Parkplatz** am Miradouro do Cabo Aéro unterhalb des Friedhofs am Ende der Straße Rua de São Pedro, ansonsten am Straßenrand parken.

Um das abgeschiedene Boaventura ragen die grünen Klippen steil empor

Restaurants

€€ | Casa de Palha Aus der Küche kommen deftige, exquisit zubereitete Gerichte: Lammtopf, Kaninchen, würziges Hühnchen. Eine Besonderheit ist die Krabbensuppe in Brot. ■ Rua Padre Francisco Marques Mendoça 5/Rua da Igreja, Tel. 291576382, www.facebook.com/CasaDePalha.Madeira, tgl. 10–21 Uhr

Cafés

Cabo Aéreo Café Von dem kleinen Café hat man einen herrlichen Blick auf die steile Nordküste. Es gibt selbst gebackenen Kuchen und deftige einheimische Küche, wie Fleischspieß. ■ Rua de São Pedro, Tel. 291575209

24 Arco de São Jorge

Ländliches Dorf in einer Küstenebene unter steilen Lorbeerwänden

Die wenigen Einwohner von Arco de São Jorge (ca. 500) versuchen, durch Landwirtschaft zu überleben. Erst in den letzten Jahren entwickelte sich der Tourismus und es gibt vereinzelt Unterkünfte. Das Klima ist für die Nordseite vergleichsweise mild. Kurz vor dem Ort, von Santana kommend, liegt der Aussichtspunkt Miradouro da Beira da Quinta, meist nur Cabanas genannt. Häufig stehen hier Obstverkäufer.

Sehenswert

Roseiral da Quinta do Arco

| Garten |

15 *Rosenblüte fast das ganze Jahr hindurch*

Über 17000 Rosen und davon über 1000 verschiedene Arten warten hinter einer urigen Natursteinmauer. Die Anlage ist eine der größten Rosensammlungen von ganz Portugal. Die beste Zeit für einen Besuch ist der Frühsommer. Der Garten gehört der Hotelgruppe Pestana. Der Zugang erfolgt über das Hotelgelände der Quinta do Arco.
■ Quinta do Arco, Sítio da Lagoa, Tel. 291 570250, April–Dez. tgl. 10–18 Uhr, 5 €, Hotelgäste frei

Museu do Vinho e da Vinha

| Museum |

Das Weinmuseum ist in einer alten Adega (Weinkeller) untergebracht. Zu sehen sind traditionelle Anlagen, wie sie auf Madeira noch bis ins ausgehende 20. Jh. benutzt wurden. Ein angeschlossener Laden verkauft Brot, Kekse und den typischen Honigkuchen.
■ Sítio da Lagoa, Tel. 291578106, cultura.madeira.gov.pt/museu-do-vinho-e-da-vinha.html, Di–Sa 14–18 Uhr, 2 €

Parken

Parkplatz bei der Quinta do Arco; weitere Parkmöglichkeiten entlang der Durchgangsstraße.

25 Boaventura

Abgelegenes, fast vergessenes Dorf an grünen Hängen

Die Häuser von Boaventura verteilen sich auf mehrere Bergrücken und Täler. Klimatisch und von der Bodenqualität begünstigt, betrieben die Bewohner hier lange Zeit Landwirtschaft. Mit dem Einzug moderner Zeiten fehlte eine vernünftige Straßenanbindung in die wirtschaftlich bedeutenderen Inselteile. Viele Bewohner verließen das Tal. Autofahrer können sich von den Mühen der Anfahrt überzeugen, wenn sie die spektakuläre »untere« Küstenstraße nach oder von Ponta Delgada fahren: Wie ein langer Balkon ist sie in die Senkrechte geschlagen.

Parken

Parkbuchten unterhalb der Kirche an der Durchgangsstraße.

Restaurants

€ | São Cristovão Einfaches Ausflugslokal. Von der Terrasse hat man einen schönen Blick auf die wilde Nordküste. Typische Madeira-Küche mit gutem Preis-Leistungs-Verhältnis. ■ Sítio São Cristovão, Tel. 291 86 20 66, tgl. 10–22 Uhr

26 Ponta Delgada

Beschauliches Dorf mit Ansätzen von Tourismus

Ponta Delgada liegt auf einem Schuttfächer, der sich im Laufe der Jahrtausende durch herabstürzendes Gestein gebildet hat. Einige, teils verfallene Herrensitze zeugen von der einstigen Bedeutung, als der Weinanbau noch eine große Rolle spielte. Ein großes Hotel zieht heute Urlauber an. In dessen Sog entstanden einige kleinere private Unterkünfte. Zum Baden dient ein Meerwasserschwimmbecken.

Sehenswert

Igreja Senhor Bom Jesús

| Kirche |

16 *Ein modernes Deckengemälde lockt zahlreiche Besucher*

Die Kirche steht direkt am Meer, wo sich zu Zeiten der Besiedlung das Ortszentrum befand. Laut einer Legende wurde an dieser Stelle im 15. Jh. ein Kruzifix an Land gespült. Pfarrer und Gemeinde brachten es in eine Kapelle weiter im Landesinneren, wo es aber nicht blieb, sondern auf wundersame Weise am nächsten Tag wieder am Meer zu finden war. Beim zweiten Mal geschah dasselbe, nur dass sich um das Kreuz ein Tempel aus Schilf gebildet hatte. Daraufhin entschied der Pfarrer, an dieser Stelle eine neue Kapelle zu bauen. Aus ihr ging die Pfarrkirche hervor. Tatsächlich steht sie auf Grundmauern aus dem 16. Jh. Der Innenraum ist barock gestaltet.

Seit 1990 schmückt ein modernes Deckengemälde eines einheimischen Künstlers die Kirche. Die Motive sind wilde Tiere, exotische Pflanzen, Engel, und der Walfang wird ebenso thematisiert wie die portugiesischen Entdeckungsfahrten.

■ Sítio da Igreja, Tel. 291 86 31 22, tgl. 9–19 Uhr

Parken

Parkplatz bei der Kirche Bom Jesús.

Kneipen, Bars und Clubs

Snack Bar London Die Bar ist der Treffpunkt im Dorf für Einheimische und Durchreisende, immer nett für einen kleinen Stopp. ■ ER 101, Sítio do Lugar, Mo–Sa 6.30–22, So bis 13 Uhr

Events

Festa do Bom Jesús Eines der größten Pilgerfeste der Insel. Am ersten Septemberwochenende kommen zahlreiche Besucher von der ganzen Insel nach Ponta Delgada.

Übernachten

Im Nordosten der Insel gibt es wenige größere Hotels. Sie konzentrieren sich in Santana und Ponta Delgada. Die beiden Orte sind verkehrstechnisch gut an den Rest der Insel angebunden. Vereinzelt sind in den Dörfern kleine private Pensionen zu finden. Ohne Mietwagen ist man hier allerdings sehr eingeschränkt. Im östlichen Teil der Hochgebirgswelt kann nicht übernachtet werden.

Porto da Cruz 60

€ | **Hotel Vila Bela** Das kleine, familiär geführte Zwei-Sterne-Hotel liegt direkt an der Uferpromenade. Die Zimmer sind klein und gemütlich. Die mit Meerblick haben einen Balkon. Zwei Suiten mit großer Terrasse und ein Familienzimmer mit Stockbetten sind ebenfalls zu buchen. ■ Rua da Praia 23, 9225-050 Porto da Cruz, Tel. 291563381, www.vila-bela.com

São Roque do Faial 62

€ | **Rural Sanroque** Rustikales Landhotel. Zimmer zur Straße und welche mit Blick übers Tal. Im Restaurant wird gute Hausmannskost serviert. ■ Chão do Cedro Gordo, 923-208 São Roque do Faial, Tel. 291575249, www.sanroque.pt

Santana 67

€€ | **Hotel O Colmo** Alteingesessenes Hotel in Santana und mit 50 Zimmern für die Nordostseite recht groß. Es verfügt über einen Innenpool und Sauna. Die Zimmer sind funktional. Das Restaurant bietet solide einheimische Küche. ■ Avenida Manuel Marques Trinidade 42, 9230-116 Santana, Tel. 291570290, www.hotelocolmo.com

€€€ | **Quinta do Furão** Das komfortable, ruhige Landhotel außerhalb der Stadt an der Steilküste bietet Pool, Sauna, Fitnessraum und ein vorzügliches Restaurant. ■ Estrada Quinta do Furão 6, 9230-082 Santana, Tel. 291570100, www.quintadofurao.com

Arco de São Jorge 71

€€€ | **Quinta do Arco** 18 rustikale Apartments für bis zu drei Personen um einen wildromantischen Garten mit Pool. Parkplatz. ■ Sítio da Lagoa, 9230-018 Arco de São Jorge, Tel. 218442001, www.pestana.com

Boaventura 71

€€ | **Solar da Boaventura** Das Hotel ist in einem restaurierten Herrenhaus im landestypischen Stil untergebracht. Die Unterkunft eignet sich für ein paar ruhige Tage. ■ Sítio do Serrão, 9240-046 São Vicente, Tel. 291860888, www.solar-boaventura.com

Ponta Delgada 72

€€ | **Monte Mar Palace Hotel** Großes Vier-Sterne-Hotel, einige Zimmer mit Balkon gehen zur Landseite. ■ Sítio do Montado, 9240-104 São Vicente, Tel. 291860030, www.montemarpalace.com

Der warme und ländliche Südwesten

Im vom Wetter verwöhnten Südwesten Madeiras ist der ländliche Tourismus seit einigen Jahren im Kommen

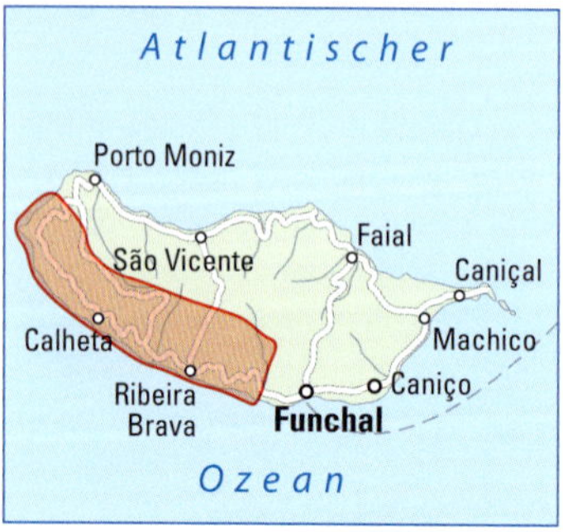

Lange Zeit stand der Südwesten von Madeira touristisch im Schatten von Funchal, doch immer mehr Urlauber suchen inzwischen Ruhe und Abgeschiedenheit. Ribeira Brava an der Mündung des gleichnamigen wilden Flusses wirkt in gewisser Weise städtisch, auch wenn es nur ein Bergdorf am Meer ist. Große Ballungszentren gibt es im Südwesten keine.

Ausgesprochene Urlaubsorte mit größeren Hotels sind Ponta do Sol und Calheta, aber selbst dort gehen die Dinge einen geruhsamen Gang. Calheta verfügt auch über einen Jachthafen und einen Sandstrand.

Je weiter man sich in den Westen bewegt, desto ländlicher werden Landschaft und Dörfer. Jardim do Mar verströmt ruhigen Charme, Paúl do Mar zieht vor allem im Sommer eine junge Surferszene an. In Prazeres lässt es sich ins Landleben eintauchen. In allen Orten werden private Unterkünfte vermietet, vor allem an Urlauber, die dem Stadtleben entfliehen möchten.

Durch den Straßenbau der letzten Jahrzehnte kann vom Südwesten aus die ganze Insel gut bereist werden.

In diesem Kapitel:

27 Quinta Grande 76
28 Ribeira Brava 76
29 Ostflanke des Ribeira-Brava-Tals 78
30 Lugar de Baixo 78
31 Ponta do Sol 79
32 Madalena do Mar 81
33 Calheta 82
34 Prazeres 85
35 Jardim do Mar 86
36 Paúl do Mar 87
37 Fajã da Ovelha 88
38 Ponta do Pargo 89
39 Cabo (Sítio do Cabo) 89
Übernachten 90

ADAC Empfehlungen:

17 **Fajã dos Padres**
| Küstenlandschaft |

Am Fuße der Steilküste unterhalb von Quinta Grande liegt ein subtropisches Refugium, wo seit Beginn der Besiedlung Landwirtschaft betrieben wurde: früher Wein, heute in erster Linie exotisches Obst. 76

(18) Taberna da Poncha da Serra d'Água

| Bar |

Zuckerrohrschnaps, Limettensaft und Honig zusammengemischt ergibt Poncha, das Regionalgetränk der Insel. Die Bar im Tal von Ribeira Brava hat sich darauf spezialisiert und ist stets gut besucht. 78

(19) Casa das Mudas, Calheta

| Kunstmuseum |

Das Museum für zeitgenössische Kunst in Calheta zieht Interessierte und Kulturschaffende aus dem ganzen Land in den ländlichen Südwesten. 83

(20) Quinta Pedagógica, Prazeres

| Garten |

Bei der Kirche von Prazeres befindet sich ein Kräuter-, Blumen- und Gemüsegarten mit angeschlossenem Teehaus. Es handelt sich um ein Landwirtschaftsprojekt des örtlichen Pfarrers. 85

(21) Portinho, Jardim do Mar

| Bar |

Die Bar mit Aussichtsterrasse liegt am Beginn der Uferpromenade von Jardim do Mar. Gemütlich lässt es sich hier vom Vormittag bis zum Sonnenuntergang sitzen. 87

(22) Villa Alto Boutique Hotel, Ponta do Sol

| Hotel |

Das Hotel ist in einer historischen Quinta untergebracht. Hier wohnt man charmant im alten Stil. 90

27 Quinta Grande

Weitläufiges Dorf mit sorgfältig terrassierten Feldern

In Quinta Grande, dem »großen Landgut«, wie sich der Name übersetzen lässt, leben viele Bewohner von der Landwirtschaft. An den windgeschützten Hängen bauen sie Wein an, auf kleinen Terrassenfeldern Obst und Gemüse. Im Osten liegt der Steilabbruch Cabo Girão (S. 39).

Sehenswert

Fajã dos Padres

| Küstenlandschaft |

(17) *Ein tropischer Garten unter der Steilwand*

Senkrecht fällt Madeiras Küste ins Meer. An einigen Stellen bildeten sich flache Abschnitte, wie die Fajã dos Padres. Lange Zeit war das Gebiet im Besitz der Jesuiten, die hier Malvasia-Reben anpflanzten. Heute wachsen neben Weintrauben auch Mangos, Papayas und Avocados. Baden kann man an der Bootsanlegestelle. Fürs leibliche Wohl sorgt ein Strandlokal.

Der Zugang erfolgt über eine abenteuerliche Seilbahn. Die Zufahrt ist ab der Schnellstraßenabfahrt Cabo Girão/Quinta Grande ausgeschildert.

■ Estrada Padre António Dinis Henriques 1, Tel. 291 94 45 38, www.fajadospadres.com, Seilbahn tgl. 10–19, im Winter 11–18 Uhr, 12 €, Restaurant tgl. 10–18, im Winter nur bis 17 Uhr

28 Ribeira Brava

Malerischer Ortskern an der Mündung des »wilden Flusses«

Information

■ Posto de Turismo, Forte São Bento, 9350-909 Ribeira Brava, Tel. 291 95 16 75, www.visitmadeira.pt, Mo–Fr 10–16, Sa 10–12.30 Uhr, So, 1. Jan., Ostersonntag, 25. und 26. Dez. geschl.

Passatwolken über dem Encumeada-Pass oberhalb von Ribeira Brava

Im älteren Teil von Ribeira Brava, um die Kirche, lässt sich in das alte portugiesische Kleinstadtleben eintauchen. Neben modernen Geschäften findet man noch alteingesessene Läden, in denen die Zeit stehen geblieben zu sein scheint.
Ein beliebter Treffpunkt ist die Esplanada am Meer mit Cafés und Restaurants. Westlich des Flusses erstreckt sich ein mittels Betonblöcken abgesicherter Strand.
Für eine erholsame Pause bietet sich der Garten des Herrenhauses Solar dos Herédia (heute das Rathaus) hinter der Kirche an.

Sehenswert

Igreja de São Bento

| Kirche |

Der Grundstein für die Pfarrkirche dürfte um 1440 gelegt worden sein. 1504 schenkte König Manuel I. der Kirche ein Taufbecken, das mit den typischen Zierelementen der Manuelinik (S. 25) versehen ist: Taue, Reben, Delfine, Fabelwesen. Es steht in einer Seitenkapelle rechts vom Eingang.
Die Kanzel und der Torbogen des ersten gotischen Portals, das heute den Zugang zur Capela do Santissimo bildet, stammen ebenfalls aus der Zeit König Manuels. Das Innere zieren flämische Gemälde sowie Figuren aus dem 16. und 17. Jh.

■ Rua Camacho 20, www.igrejarbrava.com, tgl. 7.30–18 Uhr, Messen tgl. um 8, Sa um 17.30, So um 7, 10 und 17.30 Uhr

Museu Etnografico

| Museum |

Das Ethnografische Museum ist in den renovierten Räumen eines alten Stadthauses untergebracht, das Anfang des 17. Jh. dem Kloster Santa Clara in Funchal gehörte. Im 18. Jh. wurden in den Räumen eine Zuckerrohrpresse und Getreidemühlen betrieben. Die Ausstellungsstücke gewähren einen Einblick in das Landleben und das harte Dasein der Fischer.

■ Rua de São Francisco 24, Tel. 291 95 25 98, Di–Fr 9.30–17, Sa 10–12.30 und 13.30–17.30 Uhr, 3 €, ermäßigt 1,50 €

Parken

Am westlichen Flussufer in Strandnähe gibt es ein **Parkhaus** (7–24 Uhr, ca. 0,80 €/Std.).

Restaurants

€€ | **Restaurante & Grill Muralha** Das gute Fischrestaurant bietet schöne Aussicht aufs Meer und familiäre Atmosphäre. Wechselnder Tagesfisch.

■ Estrada Regional 220 Nr. 1, Tel. 291 95 25 92, Di–So 12–22 Uhr

Cafés

Brava Doce Ein Klassiker, wo sich die Einheimischen treffen. Mischung aus Bäckerei, Konditorei und Snackbar.

■ Rua 1 de Dezembro, Tel. 291957683. tgl. 7-20 Uhr.

Einkaufen

Mercado Municipal Zwei Geschäfte harren im Marktgebäude aus, der Rest steht leer: im Erdgeschoss ein Souvenirgeschäft und auf der oberen Galerie ein Händler, der sich auf getrocknete Früchte, Kräuter, Blumen- und Müslisamen sowie Nüsse spezialisiert hat.

■ Rua Gago Coutinho e Sacadura Cabral, tgl. 7–19 Uhr

Kneipen, Bars und Clubs

(18) **Taberna da Poncha da Serra d'Água** Auch wenn es im Tal viele Poncha-Lokale gibt, das Original ist seit fast 60 Jahren dieses hier. Unter einer weinumrankten Pergola sitzt man an groben Holztischen. Drinnen ist es eng, mitunter laut, selten langweilig. ■ Serra de Água, Estrada Regional 104 Nr. 329, Tel. 291952312, www.facebook.com/poncha.serra.agua, tgl. 10–1 Uhr

Events

Festa de São Pedro Am 28. und 29. Juni begeht Ribeira Brava das Fest zu Ehren des Heiligen Petrus, des Schutzpatrons der Fischer. Nachts findet eine Bootsprozession statt.

29 Ostflanke des Ribeira-Brava-Tals

Dörfer kleben wie Adlernester an steilen Bergflanken

Die Dörfer Boa Morte, Eiro do Mourão, Espigão und Fontes oberhalb von Ribeira Brava schmiegen sich an die steile Ostflanke des Ribeira-Brava-Tals. Die Hänge sind mit Kiefern und Eukalyptus bewachsen. Bewässert werden die Felder von der durchflussstarken Levada do Norte. Die unterste Siedlung, Boa Morte, hat mit der ER 112 Schnellstraßenanschluss. Der Ort ist ein beliebter Ausgangspunkt für eine Levada-Wanderung: Am oberen Ortsrand verläuft die Levada do Norte. An ihr entlang kann man bis zum Cabo Girão (ca. 3 Std.) oder bis Estreito de Câmara de Lobos (ca. 4 Std.) wandern. Der Weg ist einfach, nur auf kurzen Abschnitten ist Schwindelfreiheit erforderlich.

Oberhalb der Levada do Norte wird die Straße schmaler. Ein Sträßchen zweigt in den Weiler Eira do Mourão ab. Der Großteil der Häuser hängt über dem Abgrund. In Handarbeit werden winzige Terrassenfelder bewirtschaftet. Kohl, Kartoffeln und Gemüse sind die Hauptfeldfrüchte. Nur in den untersten warmen Lagen gedeihen vereinzelt Bananen. Zu Beginn des 21. Jh. bekam das Dorf Straßenanschluss. Bis dahin gelangten die Bewohner nur über die Levada do Norte oder einen steilen Treppenweg in ihr Dorf. Die Schule am Ende der Straße ist zwar renoviert, aber schon lange nicht mehr in Betrieb. Noch abgelegener ist Espigão. Der Levadaweg ins Dorf ist steiler, schmaler und rutschiger, und die Bewohner mussten länger auf einen Straßenanschluss warten – bis Anfang der 2000er-Jahre! So lange lebten sie in einer abgeschiedenen Welt.

Im obersten Ort Fontes in über 900 m Höhe scheint die Zeit immer noch stehen geblieben zu sein. Am zentralen Dorfplatz sind ein kleiner Tante-Emma-Laden und eine Bar angesiedelt, in der die Einheimischen sich auf einen Kaffee treffen. Zu ihnen gesellen sich gelegentlich Wanderer, die das Hügelland um den 1436 m hohen Gipfel des Chão dos Terreiros erkunden.

30 Lugar de Baixo

Sonniger Ausflugsort mit Kiesstrand und Meerwasserlagune

Abgeschirmt von hohen Felswänden gilt Lugar de Baixo als der wärmste Ort Madeiras. Daher sind die hiesigen Bananen die besten. Die Cafés an der Uferstraße füllen sich am Wochenende mit Einheimischen. Der Strand ist mit

Der Kiesstrand von Ponta do Sol ist im Sommer meist gut besucht

großen Steinen übersät. Die Madeirer stört das nicht, im Sommer kommen sie zum Baden her. Abseits der Durchgangsstraße verlaufen öffentliche Fußwege durch die Bananenplantagen. Die Bananen dürfen aber natürlich nicht gepflückt werden.

Sehenswert

Lagoa de Lugar de Baixo

| Landschaft |

Bei einem Unwetter im Jahre 1804 stürzten Felsmassen die Steilwände hinunter. Dabei bildete sich eine vom Meer abgetrennte Senke, in der heute Wasservögel leben. Die »Lagoa« ist die einzige Lagune auf Madeira.

■ VE 3

Parken

Parkplatz an der Uferstraße.

31 Ponta do Sol

Die Kleinstadt am Meer punktet mit einem schönen Ortskern

Mit seinen mehr als 4500 Einwohnern gilt Ponta do Sol schon als größerer Ort. Dabei besteht das Zentrum aus nur wenigen Gassen, einer dominierenden Kirche und einer Hotelzeile an der Uferstraße. Am Kiesstrand gibt es ein Café/Restaurant, und im Sommer eröffnet eine urige Strandbar.

Sehenswert

Igreja Nossa Senhora da Luz

| Kirche |

Die Pfarrkirche des Ortes vereint manuelinischen und manieristischen Baustil. Schmuckstück im Inneren ist ein Taufbecken aus grüner Keramik, das König Manuel I. der Gemeinde um

Ganz unten an der steilen Felswand schmiegt sich Madalena do Mar ans Meeresufer

das Jahr 1500 schenkte. Ein Blick lohnt auf die Holzdecke im Mudéjar-Stil.
■ Largo da Igreja

Centro Cultural John Dos Passos

| Ausstellung |
»Madeira ist Paradies und Gefängnis zugleich«. So hatte der Schriftsteller John Dos Passos (1896–1970) Madeira bei seinem Besuch 1960 bezeichnet. Sein Großvater Manuel Joaquim Dos Passos aus Ponta do Sol wanderte mit 18 Jahren in die USA aus. Wo heute das Kulturzentrum steht, befand sich das Wohnhaus der Familie. Im Kulturzentrum finden regelmäßig Ausstellungen, Konzerte und Theateraufführungen statt. Im Rahmen einer Führung kann man sich die Bibliothek und Einrichtungen aus dem 19. Jh. zeigen lassen.
■ Rua do Príncipe D. Luís 3, Tel. 291 97 40 34, Mo–Fr 9–12.30 und 14–17 Uhr, Eintritt frei

Parken

Großer **Parkplatz** an der Ortseinfahrt am Fluss (Parkautomat); an der Uferstraße sind einige **Parkbuchten** (mit Parkautomat).

Restaurants

€ | **Dos Amigos** Klassischer Landgasthof. Im Eingangsbereich befindet sich die Bar für die Einheimischen. Empfehlenswert sind die Hühnerspieße oder auch der traditionelle Rindfleischspieß (»espetada«). ■ Estrada dos Combatentes 89 D, Tel. 291 97 43 35, tgl. 9.30–24 Uhr

€€ | **Mare Alta** Bar und Restaurant direkt am Kiesstrand. Der frische Fisch liegt in einer Vitrine aus. ■ Avenida 1 de Maio, Tel. 291 97 34 65, tgl. 10–23 Uhr

€€ | **Sol Poente** Privilegierte Lage auf dem Felsen über der Bucht. Kleines Restaurant mit Balkon über dem Meer.

■ Cais da Ponta do Sol, Tel. 291973579, Di–So 9–2 Uhr, bei stürmischer See geschl.

Kneipen, Bars und Clubs

The Old Pharmacy Kreativ eingerichtete Tapasbar im Bistrostil mit einem Geschäft für heimische Spezialitäten. ■ Rua Dr. João Augusto Teixeira, Mobil 927 793866, tgl. 9.30–2 Uhr

The Small House Die Bar mit der wahrscheinlich größten Bierauswahl auf Madeira. ■ Rua Dr. João Augusto Teixeira, Tel. 291976565, www.facebook.com/thesmallhousevintage, tgl. 10–2 Uhr

Events

Festival Nacional e Internacional de Folclore Ende August veranstaltet die Gemeinde ein großes Folklorefestival. Es treten heimische und internationale Gruppen auf. Genauer Termin im Internet. ■ www.visitmadeira.pt

In der Umgebung

Levada do Moinho

| Wanderweg |

Im Ortsteil Lombada lagen im 15. und 16. Jh. die größten Zuckerrohrfelder. Sie gehörten dem Flamen João Esmeraldo. Das auffallende Gebäude in Altrosa war sein Herrensitz. Heute ist darin eine Schule untergebracht. Gegenüber steht die Capela Espírito Santo, an deren Vorplatz die Levada Moinho vorbeifließt. Sie ist eine der ältesten Levadas der Insel und trieb einst eine Wassermühle an. Zu Schauzwecken wurde die Mühle restauriert. Trittsichere Wanderer können entlang der Levada Moinho tief ins Tal der Ribeira do Ponta do Sol wandern. Der Weg bis an die Quelle der Levada dauert je nach Wegzustand 1,5 bis 2 Std.

ADAC Wussten Sie schon?

Die Brandung beendet die **Badesaison** in Ponta do Sol. Im Sommer liegen am Kiesstrand von Ponta do Sol Holzbretter als Liegeflächen. Badebetrieb ist so lange, bis die ersten Herbststürme das Meer so aufwühlen, dass die Anlagen fortgespült werden.

32 Madalena do Mar

Im kleinen Fischerort mit langem Kiesstrand werden Bananen angebaut

Madalena do Mar besteht im Wesentlichen aus einer Durchgangsstraße am Meer. Eine steile Felswand lässt nicht viel Platz – und der ist mit Bananen kultiviert. Der schmale Kiesstreifen am Ufer erfreut im Sommer die Einheimischen. Eine Uferpromenade am Westrand lädt zu einem kurzen Spaziergang ein. Bei Sonnenuntergang ist hingegen die Uferstraße ein beliebter Treffpunkt, und im Sommer betreibt Henrique direkt am Meer eine kleine Bar.

Parken

Großer **Parkplatz** am Fluss, am Westrand des Ortes, Zufahrt über die Avenida 10 de Fevereiro.

Restaurants

€€ | Cantinho da Madalena Beliebtes Fischrestaurant an der Uferstraße. Frischer Tagesfisch kann in einer Vitrine ausgesucht werden. ■ Avenida 10 de Fevereiro 2, Mobil 963 53 8275, tgl. 10–23 Uhr

Im Blickpunkt

Bananen fürs Festland

Bananenplantagen sind im Südwesten allgegenwärtig. Allerdings ging der Anbau erst in den 1980er-Jahren los. Heute wäre er ohne Subventionen der EU nicht wirtschaftlich. Zu groß ist die Konkurrenz der tropischen Anbaugebiete. Die Bananenproduktion auf Madeira schwankt. Im Schnitt werden ca. 20 000 bis 22 000 Tonnen im Jahr produziert. Einen historischen Rekord erreichten die Bananenbauern im Jahr 2022 mit fast 23 000 Tonnen. Zum Vergleich: In Deutschland werden ca. 1,5 Millionen Tonnen Bananen jährlich gegessen. Die meisten Bananen der Insel werden nach Portugal exportiert, ein kleiner Teil, rund 15 %, bleibt auf der Insel.

Kneipen, Bars und Clubs

A Taberna da Madalena Originelle Bar direkt an der Uferstraße. Poncha ist ein Muss – oder ein Bier zu »lapas« (Napfschnecken). ■ Avenida 1° de Fevereiro, Mobil 967 57 36 90

33 Calheta

Weitläufige Gemeinde mit Sandstrand und ländlichem Tourismus

Wichtige Einkommensquelle war Anfang des 16. Jh. der Anbau von Zuckerrohr. Noch heute produziert eine Fabrik Zuckerrohrmelasse und Schnaps.

Calheta besteht aus mehreren Ortsteilen mit eigenen Zentren. Der Hauptortsteil Vila da Calheta mit der besten touristischen Infrastruktur liegt direkt am Meer: zwei große Hotels, ein Einkaufszentrum, Cafés und Restaurants, ein Jachthafen und eine Uferpromenade. Großer Beliebtheit erfreut sich der aufgeschüttete Sandstrand, vor allem an Sommerwochenenden, wenn viele einheimische Familien sich einen Strandtag gönnen.

Auf den sich westlich anschließenden Bergrücken verteilen sich die Häuser von Estrela da Calheta, der Wohnsiedlung von Calheta.

Weitläufig an den östlichen Hängen liegt Arco da Calheta. In den mittleren und tiefen Lagen sind in den letzten Jahren prächtige Anwesen entstanden. Auffallend sind hier die zahlreichen Drachenbäume.

Der Ortsteil Estreito da Calheta erstreckt sich auf den höheren Rücken im Westen und ist ein Dorf für sich, wo Sie ins Landleben eintauchen können.

Sehenswert

Sociedade dos Engenhos da Calheta

| Zuckerrohrfabrik |

Jedes Jahr im Frühjahr, meist eine Woche nach Ostern, beginnt für etwa einen Monat die Arbeit an den Pressen, 24 Stunden am Tag. Die LKWs mit dem Zuckerrohr stauen sich dann entlang der Straße. Die Anlage in Calheta ist die älteste Zuckerrohrfabrik Madeiras, die noch produziert. Ende des 19. Jh. wurde sie eingeweiht. Eine britische Dampfmaschine trieb die Pressen bis Anfang der 2000er-Jahre an. Heute übernehmen das Elektromotoren.

Die Produkte aus dem Zuckerrohrsaft sind Schnaps, Rum und Melasse – und damit gesüßter »bolo de mel« (Honigkuchen). In der angeschlossenen Probierstube kann man verkosten und kaufen. Im Erdgeschoss befindet sich ein kleines Museum, in dem alte Anlagen und Fotografien gezeigt werden.

■ Avenida Dom Manuel I. 29, Tel. 291 82 22 64, Di–Fr 8–19, Sa, So 10–19 Uhr, Eintritt frei

Casa das Mudas

| Kunstmuseum |

19 *Moderne Kunst zieht Interessierte ins ländliche Madeira*

Auf dem Bergrücken westlich von Vila da Calheta thront das futuristische Gebäude des Museums für zeitgenössische Kunst. Der Architekt Paulo David aus Funchal wurde für den Bau 2005 für den Mies-van-der-Rohe-Award nominiert, den er allerdings nicht erhielt. Erst 2012 gewann er mit der Alvar-Aalto-Medaille einen verdienten Preis. Die düsteren Basaltwände sollen den vulkanischen Ursprung der Insel symbolisieren. Auf 12 000 m² wird Kunst von 1960 bis heute gezeigt. Vom angeschlossenen Café ergibt sich ein schöner Blick auf Vila da Calheta.

■ Estrada Simão Gonçalves da Câmara 37, Estrela da Calheta, Tel. 291 82 09 00, Di–So 10–18 Uhr, 5 €

ADAC Spartipp

Ein **Haarschnitt** ist auf Madeira deutlich günstiger als zu Hause. Wenn Sie sich trauen: An der Straße von Vila da Calheta nach Estrela befindet sich im unteren Bereich des Ortsteils ein Friseur.

Verkehrsmittel

Bus Von Vila da Calheta nach Funchal mit Rodoeste-Linien 8, 80, 142 ca. 7 x tgl. ab der Uferstraße beim Hotel Calheta Beach. Von Estrela da Calheta nach Funchal fahren die Linien 80, 107, 115, 142. Bushaltestelle an der ER 222 nahe der Tankstelle. ■ www.rodoeste.pt

Das moderne Kunstmuseum Casa das Mudas ist auch architektonisch interessant

Parken

Gebührenpflichtige **Parkbuchten** entlang der Uferstraße (Parkautomaten); **Parkhaus** im Centro Comercial Ondapark (Supermarkt Pingo Doce).

Restaurants

€–€€ | Onda Azul Das Restaurant am Beginn der Uferpromenade gehört zum Savoy Hotel Calheta Beach. Empfehlenswert ist das sehr günstige Tagesgericht (»prato do dia«) in gediegenem Ambiente auf der Terrasse. Abends steigen die Preise. ■ Avenida Dom Manuel I., Mobil 965575289, tgl.

€€ | Beira Mar Restaurant an der Uferstraße am östlichen Ortseingang von Vila da Calheta, mit Blick auf den Jachthafen. Der Schwerpunkt liegt auf Fisch und Meeresfrüchten. ■ Avenida Dom Manuel I., Tel. 291822442, www.beiramarcalheta.com, Mi–Mo 11–23 Uhr

€€ | Convento das Vinhas Über dem Ort gelegen. Mit schönem Blick auf den Strand. Die Küche liefert deftige einheimische Gerichte in großen Portionen – Fleisch wie Fisch. ■ Estrada Simão Gonçalves da Câmara 34, Tel. 291822164, tgl. 12–22.30 Uhr

ADAC Mittendrin

Im **Restaurante Estrela** sind die Einheimischen unter sich. Vorne auf der Straße stehen ein paar Tische, gleich im Eingangsbereich befindet sich die Bar, in einem Seitenraum ist Restaurantbetrieb. Aufgetischt wird Hausmannskost, in der Bar Snacks, Tapas und Bier.
€ | ER 222/Caminho da Estrela, Tel. 291822145, tgl. ab 8 Uhr

Einkaufen

Artesanato e Bijutaria Calheta Winziges Geschäft mit einer gut sortierten Bücherabteilung (Reiseführer, Wanderführer, Blumenbücher) sowie Postkarten und Zeitungen. ■ Edifício Onda Parque, Tel. 291823571, Mo–Sa 9–12.30 und 14–19 Uhr

Events

Festa da Cana de Açúcar Zu Beginn der Zuckerrohrernte dreht sich in Calheta alles um das süße Rohr. Genauer Termin auf Facebook. ■ www.facebook.com/cmcalheta

Madeira Dig Festival Anfang Dez. steht Calheta im Zeichen der digitalen Musik. Veranstaltungsräume sind das Museum Casa das Mudas (S. 83) und das Hotel Estalagem da Ponta do Sol (S. 90). ■ www.madeiradig.com, 15 €

Erlebnisse

Lobosonda Wal- und Delfinbeobachtungsfahrten in einem historischen Fischerboot aus Holz. Die »Ribeira Brava« bietet 16 Personen Platz. Schneller und näher dran ist man auf dem Schlauchboot »Stanella« mit 12 Plätzen. Erläuterungen auf Deutsch. ■ Avenida Dom Manuel I., Porto de Recreio, Mobil 968400980, www.lobosonda.com, »Ribeira Brava«, 2–3 Std., 44 €, Kinder 22 €; »Stanella«, ca. 2 Std., 55 €, Kinder 33 €

Sport

Madeira Paragliding bietet Anfängern die Möglichkeit, per Tandemflug die Insel von oben zu sehen. Der Betreiber Hartmut Peters begann 1992 mit Gleitschirmfliegen und hat seit 1998 Erfahrungen im Tandemflug. Ein Flug dauert ca. 20 Min (75 €). Erläuterungen auf Deutsch. ■ Rua da Achada de Santo Antão 212, Arco da Calheta, Mobil 964133907, www.madeira-paragliding.com

RMK-Tours Vielseitiges Sportangebot wie Klettern, Reiten, Mountainbikefahren und Trailrunning, zudem eine breite Palette an Tageswanderungen und Ausflügen. Die deutschen Betreiber sind seit über 25 Jahren im Wander- und Outdoor-Tourismus auf Madeira tätig. ■ Avenida D. Manuel I., Centro Comercial Ondapark, Tel. 291148990, www.madeira-rmktours.com, Mo–Fr 9–18, Sa 9–13 Uhr

34 Prazeres

Dorf mit Ökogarten und originellen Vogelscheuchen

Für subtropische oder tropische Früchte ist es in Prazeres zu kalt. Die Bauern pflanzten stattdessen sättigendes Gemüse wie Kohl, Kartoffeln, Süßkartoffeln oder Getreide an.

Eine Besonderheit des Ortes sind die kunstvollen Vogelscheuchen. Sie werden jedes Jahr prämiert.

Am Gedenktag des heiligen Antonius des Großen (17. Jan.) lassen die Bewohner ihre Haustiere vom Pfarrer des Dorfes segnen.

Sehenswert

Quinta Pedagógica

| Garten |

20 *Lauschiges Teehaus in einem üppigen Garten*

Auf dem Gelände um das ehemalige Pfarrhaus entstand im Jahr 2000 unter Leitung des Pfarrers Rui Sousa ein pädagogischer Hof. Ziel ist, die Bevölkerung für die ökologische Landwirtschaft zu sensibilisieren. Dazu gehören Versuchsfelder, ein Kräutergarten, ein kleines Freigehege und ein Teehaus (Casa de Chã), in dem der eigene Kräutertee sowie Apfelwein (»sidra«) ausgeschenkt werden. Zum Verkauf stehen die Produkte der Umgebung: Marmeladen, ausgefallene Mehlsorten, Eier, Kräuter und Gemüse der Saison.

■ Sítio da Igreja, Tel. 291822204, tgl. 9–19, im Sommer bis 20 Uhr, Eintritt nur Tiergehege 1 €, sonst frei

ADAC Wussten Sie schon?

Auf Madeira sind die Dachenden häufig mit **Tonfiguren** verziert. Kinderköpfe sollen für Kindersegen sorgen, Katzenköpfe halten den bösen Blick ab, ein Hundekopf schützt vor Gefahren, die Taube, als Zeichen des Heiligen Geistes, sorgt für Fruchtbarkeit, und ein stilisiertes Blatt des Weichen Akanthus war schon im antiken Griechenland ein Symbol der Fruchtbarkeit.

Parken

Parkplatz an der Regionalstraße ER 222, bei der Abfahrt Prazeres Zentrum; oder aber entlang der Dorfstraßen (die beste Möglichkeit besteht im Bereich der Kirche).

Restaurants

€€ | Restaurante Chico In dem gemütlichen kleinen Restaurant wird gehobene portugiesische Küche serviert. ■ Caminho Lombo da Rocha 164, Tel. 291822836, www.restaurantechico.wordpress.com, Di–Sa 12–22, So 11–18 Uhr

Das kleine Paúl do Mar ist ein Treffpunkt für Wellenreiter

Kinder

Quinta Pedagógica (S. 85) Während Eltern oder Großeltern Kaffee oder Tee trinken, können Kinder sich im Tiergehege vergnügen. Neben den üblichen Haustieren wie Enten, Hühner, Schweine, Esel und Kaninchen laufen auf dem Gelände auch einige exotischere wie Lamas und Emus herum.

Wandern

Am Parkplatz des Hotels Jardim Atlântico beginnt ein spektakulärer Pflasterweg, der sich in Serpentinen steil nach Paúl do Mar hinunterzieht, der markierte Wanderweg **PR 19**. Dabei werden auf einer Strecke von knapp 2 km rund 500 Höhenmeter überwunden. Die durchschnittliche Gehzeit liegt bei 1,25–1,5 Std.

Am Nordrand von Prazeres verläuft die **Levada Nova**. An ihr kann man bis Calheta oder in den Westen bis nach Cabo wandern.

35 Jardim do Mar

Liebevoll herausgeputztes Fischerdorf mit Fußgängerzone

Ein 200-Seelen-Dorf wie aus dem Bilderbuch: Entlang der schmalen Gassen liegen blumengeschmückte Gärten, das Ortszentrum ist für den Autoverkehr komplett gesperrt, Treppenabgänge führen zu Aussichtsplattformen über dem Meer und zur Uferpromenade. Am östlichen Ende ist ein kleiner Fischerhafen angesiedelt. Vom Westende ergibt sich ein Blick auf den Steilabbruch, der Jardim do Mar vom Nachbarort Paúl do Mar trennt.

Parken

Großer **Parkplatz** am östlichen Ortseingang; weiterer Parkplatz am alten Fischereihafen, am östlichen Ende der Uferpromenade.

Restaurants

€€ | Joe's Bar Mischung aus Cocktailbar und Restaurant. Nach vorne zum Hauptweg trifft man sich auf einen Drink, im lauschigen Hinterhof wird gegessen: portugiesisch-internationale Küche. ■ Vereda Porta da Igreja 12, Mobil 966130208, Mo–Sa 10–24 Uhr

Kneipen, Bars und Clubs

21 **Portinho** Schicke, dabei gemütliche Bar am alten Fischereihafen mit Terrasse. Kleine Speisekarte mit frischen Fischgerichten. ■ Rua do Portinho 2, Tel. 291 82 71 35, tgl. 10–23 Uhr

36 Paúl do Mar

Ursprünglicher Fischerort und Treffpunkt für Wellenreiter

Paúl do Mar (port. »Meeressumpf«) liegt auf einer lang gezogenen schmalen Küstenebene. Mächtige Felswände erheben sich über den Ort. Lange Zeit war der einzige Zugang die spektakuläre Regionalstraße ER 223, die sich durch eine bizarre Felslandschaft windet. Zwei alte Pflasterwege durch die Felswand sind heute den Wanderern vorbehalten. Der eine führt nach Fajã da Ovelha, der andere schlängelt sich bis nach Prazeres (S. 85).

Am südöstlichen Ortsende dehnt sich der ältere Teil der Siedlung aus. Ein kleiner Platz über dem Meer ist der zentrale Treffpunkt von Fischern, Bauern und Besuchern.

Am nordwestlichen Ende des grobkiesigen Strands finden sich bei entsprechender Brandung Wellenreiter ein. Die Bars dort haben sich auf die Kundschaft eingestellt; es herrscht eine lockere, kommunikative Atmosphäre.

Parken

Parkplatz am Fischereihafen am östlichen Ortsende, ansonsten können Sie entlang der Straßen parken.

Restaurants

€ | Sol e Mar Einfaches Restaurant zum Sattwerden mit deftiger Meeresküche.

Im Blickpunkt

Schwarzer Degenfisch, eine madeirische Spezialität

Der Schwarze Degenfisch (Aphanopus carbo, port.: Espada) wird ca. 1,50 m lang, hat große Augen und ein mit scharfen Zähnen bewehrtes Maul. Er lebt in großen Tiefen bis fast 2000 m.

Die Fischer auf Madeira angeln ihn nachts mit etwa 1–1,5 km langen Leinen (die schädlichen Tiefseeschleppnetze kommen nicht zum Einsatz). Nach einer gewissen Zeit holen sie die Schnüre mit Motorwinden ein, den schnellen Druckabfall überlebt der Espada nicht. Sein Fleisch ist weich und weiß, der Geschmack ist unaufdringlich. Auf Madeira wird der Fisch traditionell als Filet mit Banane und einer Soße auf Maracujabasis serviert.

Der Leuchtturm Ponta do Pargo markiert den äußersten Westen Madeiras

■ Avenida dos Pescadores Paulenses 80, Tel. 291872140, tgl. 7.30–23 Uhr

Kneipen, Bars und Clubs

Bar de Pedra Beliebte Bar der Surfer. Das Publikum ist gesellig. Man trifft sich gern zum Sonnenuntergang. Bei großem Andrang weitet sich der Barbereich auf die Uferstraße aus. ■ Avenida dos Pescadores Paúlenses 158, am westlichen Ende der Uferstraße, Mobil 925 864117, www.facebook/bardepedra

37 Fajã da Ovelha

Ruhig und einsam liegt das Dorf abseits des Geschehens

Frei übersetzt bedeutet der Ortsname »Schafweide«, weil hier früher Schafzucht betrieben wurde. Viele Bewohner verließen Fajã da Ovelha in der Vergangenheit, weil sie von der Landwirtschaft kaum mehr überleben konnten. Erst in letzter Zeit verzeichnete der Ort einen Zuzug von Ruhesuchenden. Heute leben immerhin noch knapp 900 Menschen hier.

Von der Pfarrkirche São João Batista (Johannes der Täufer) haben Sie einen schönen Blick auf die steilen Hänge. Weiter unterhalb befindet sich ein ausgeschilderter Aussichtspunkt über der Steilküste.

Am Südwestrand des Ortes führt ein alter Pflasterweg nach Paúl do Mar. Er zieht sich in engen Serpentinen die Steilwand hinunter. Rund 400 Höhenmeter werden dabei in einer knappen Stunde überwunden.

Parken

Parkbuchten unterhalb der Kirche, in der Travessa da Igreja (ER 223).

Restaurants

€€ | Precipício Das Restaurant liegt direkt an der Steilküste hoch über Paúl do Mar und bietet einen spektakulären Ausblick. In der Bar gibt es Snacks und Kuchen. ■ Sítio de São Lourenço Abaixo, Estrada Fajã da Ovelha (ER 223), Mobil 913032022, tgl. 10–21 Uhr

38 Ponta do Pargo

Ort mit dem höchstgelegenen Leuchtturm Portugals

Die Gründung des Ortes in exponierter Lage im äußersten Westen geht auf die Mitte des 16. Jh. zurück. Für Inselverhältnisse ist die Landschaft flach, sodass die Bauern beim Feldbau weniger Mühe hatten. Heute kommen sogar kleine Traktoren zum Einsatz.
Sehenswert ist die Ponta da Vigia. Auf der markanten Felsnase westlich des Zentrums steht 312 m über dem Meer der höchstgelegene Leuchtturm Portugals, ausgeschildert mit »Farol«. Der Turm selbst ist nur 14 m hoch. Seine Reichweite beträgt 26 Seemeilen.

Parken

Parkmöglichkeiten bei der Kirche und auf dem **Parkplatz** am Leuchtturm.

Gefällt Ihnen das?

Einen ähnlichen Ausblick auf die Steilküste wie am Ponta do Pargo haben Sie in **Cabo** (S. 89) unterhalb der Kapelle Nossa Senhora da Boa Morte und auf der Nordseite in **São Jorge** (S. 70) am Miradouro Cabo Aéro.

Restaurants

€€ | Casa de Chá O Fio In dem schön gelegenen Teehaus kann man auch speisen. Es gibt Salate, Fisch- und Fleischgerichte in gemütlich-rustikalem Ambiente. ■ Rua do Miradouro, Tel. 291882525, Mo–Sa 11–21 Uhr

Events

Festa do Pêro Das Apfelfest mit Musik und Verköstigung findet am 17. und 18. September statt.

39 Cabo (Sítio do Cabo)

Kaum besuchter Ort mit einsamem Aussichtspunkt

Die verbliebenen Einwohner von Cabo (keine hundert) halten ein oder zwei Kühe und beackern kleine Felder. Viele Häuser sind verlassen. Ein Besuch des Ortes lohnt wegen der kleinen Kapelle Nossa Senhora da Boa Morte. Ihr vorgelagert befindet sich einer der spektakulärsten und einsamsten Aussichtspunkte Madeiras. Auf einem schmalen Zementweg gelangt man zur Steilküste, die über 400 m senkrecht abfällt.

Parken

Großer **Parkplatz** an der Wendeplatte bei der kleinen Kapelle Nossa Senhora da Boa Morte.

Restaurants

€ | A Carreta Einfaches Ausflugslokal mit Barbereich und zwei Terrassen, das typische Madeira-Hausmannskost zubereitet. ■ Lombada Velha, ER 101 Nr. 434, Tel. 291882163, tgl. 8–22 Uhr

Übernachten

Die Unterkünfte konzentrieren sich im Südwesten in Ponta do Sol und Calheta, wobei die Auswahl in der Gemeinde Calheta vielfältiger ist. Alle Inselteile sind dank der gut ausgebauten Schnellstraße problemlos zu erreichen.

Ponta do Sol 79

€€ | **Enotel Sunset Bay** Das Hotel belegt fast die ganze Häuserzeile an der Uferstraße. Die Zimmer sind groß und haben Meerblick. Vielseitiges Frühstücks- und Abendbuffet. Mit Innenpool. ■ Avenida 1° de Maio, 9360-209 Ponta do Sol, Tel. 291702004, www.enotel.com

€€ | **Estalagem da Ponta do Sol** Das Hotel liegt auf einem Felsrücken über dem Dorf. Die großen Zimmer sind hell und freundlich eingerichtet, ebenso die Aufenthaltsräume. Schöner Panoramapool im Garten. Im Restaurant wird mediterrane Küche serviert. Wellnessbereich mit Jacuzzi, Sauna, Dampfbad. ■ Quinta da Rochinha, 9360-529 Ponta do Sol, Tel. 291970200, www.pontadosol.com

22 €€ | **Villa Alto Boutique Hotel** Aus einer alten Quinta wurde ein stilvolles Hotel. Der Charme des alten Madeiras wurde erhalten. Vom Pool ergibt sich ein umfassender Blick über die grünen Hänge. ■ Quinta do Alto São João, Caminho do Lombo, 9360-559 Ponta do Sol, Tel. 969899725, www.villaaltoboutiquehotel.com

Calheta 82

€€ | **Calhau Grande** Mit viel Engagement hat das Betreiberehepaar acht alte Bauernhäuser restauriert. Sie verteilen sich auf ein großes Terrassengelände, das auch als Obst- und Gemüsegarten dient. Lauschige Plätze und ein Pool laden zum Verweilen ein. Die Häuser sind unterschiedlich groß, aber alle mit Kochgelegenheit ausgestattet. ■ Caminho do Massapez, 9370-077 Arco da Calheta, Tel. 925669933, www.calhaugrande.com

€€ | **Marina Apartments** Sehr gute Lage direkt am Jachthafen von Calheta. Die Zimmer sind groß und hell und haben eine Terrasse. Trotz des Namens gibt es allerdings keine Kücheneinrichtung. ■ Porto de Recereio da Calheta, 9370-133 Calheta, Av. D. Manuel I, Tel. 916892162, marinaapartments.traveleto.com

€€ | **Quinta Alegre** Die Quinta unter deutscher Leitung ist im Stil eines alten Herrenhauses gebaut. Die Zimmer sind unterschiedlich, aber alle groß. Dusch- und Poolwasser werden durch Sonnenkollektoren beheizt. Die Gäste können hoteleigene Elektroautos mieten und Tageswanderungen oder Wanderpakete mit Führer buchen. Ausgesprochen vielseitig ist das Frühstücksbuffet. ■ Rua do Hotel 48, 9370-227 Estreito da Calheta, Tel. 291820480, www.quinta-alegre.de

€€ | **Quinta das Vinhas** Auf einem alten Weingut wurde das Herrenhaus restauriert und zum Hotel mit sechs Doppelzimmern umgewandelt. Um den Pool gruppieren sich 14 einzeln stehende Apartments, die in altem Stil neu errichtet wurden. ■ Lombo dos Serrões, 9370-221 Estreito da Calheta, Tel. 291 82 40 86, www.qdvmadeira.com

€€ | **Savoy Calheta Beach** Hotel direkt an der Uferpromenade mit hellen und modernen Zimmern. Zu den Annehmlichkeiten zählen Außen- und Innenpool, Sauna und Fitnessraum. ■ Avenida Dom Manuel I. 3, 9370-133 Vila da Calheta, Tel. 291 82 03 00, www.savoysignature.com

€€€ | **Savoy Saccharum** Das Hotel hat fast 250 Zimmer. Alle sind luxuriös eingerichtet. Für Entspannung sorgt ein großer Spa-Bereich. Spektakuläre Dachterrasse. ■ Rua Serra de Água 1, 9370-083 Vila da Calheta, Tel. 291 82 08 00, www.savoysignature.com

Prazeres 85

€€ | **Jardim Atlântico** Hoch über der Steilküste liegen terrassenförmig die Zimmer und Apartments der Vier-Sterne-Anlage. Die Schlafzimmer sind nach dem Feng-Shui-Prinzip eingerichtet. In den Restaurants liegt der Fokus auf Bio-Lebensmitteln. ■ Lombo da Rocha, 9370-612 Prazeres, Tel. 291 82 02 20, www.jardimatlantico.com

Jardim do Mar 86

€ | **Casa da Cecilia** Individuelle Unterkunft mit zwei Zimmern, einem Apartment und einer kommunikativen Terrasse. Abends wird auf Wunsch Hausmannskost mit Zutaten aus dem eigenen Garten zubereitet. ■ Vereda das Pedras, 9370-423 Jardim do Mar, Tel. 291 82 26 42, Mobil 962 53 25 60

Fajã da Ovelha 88

€€ | **Colina da Fajã** Gemütliches kleines Hotel direkt an der Levada, die von Calheta bis Ponta do Pargo fließt. ■ Sítio de São João, 9370-303 Fajã da Ovelha, Tel. 291 87 20 55

ADAC Das besondere Hotel

Joachim Wesler lebt schon lange auf der Insel und hat bei Fajã da Ovelha einen Kuhstall als Unterkunft hergerichtet. Das Erdgeschoss bot Platz für ein bis zwei Kühe, darüber war ein Speicher. Heute dürfte es eine der abgelegensten und ruhigsten Unterkünfte auf Madeira sein. Selbstversorger können in der vollständig ausgestatteten Küche kochen. Eine private Liegefläche schwebt über der Steilwand. Das Refugium ist nur zu Fuß über einen Treppenweg zu erreichen.
€€ | Rua do Massapez, 9370-391 Fajã da Ovelha, GPS-Koordinaten: 32°46'36.6"N 17°14'21.0"W, www.atraveo.de, Objekte Nr. 778540 und 1361834

Der Nordwesten und Paúl da Serra

Senkrecht fallen die begrünten Abhänge ins Meer. Nur auf schmalen Felsvorsprüngen konnte gesiedelt werden.

Unberührte Natur und eine Landschaft, die ans schottische Hochland erinnert, zeichnen die Hochebene Paúl da Serra aus. Besuchermagnet ist das Gebiet von Rabaçal mit seinen Levada-Wegen. Die Ribeira da Janela, der längste Fluss der Insel, nimmt hier ihren Anfang und mündet bei Porto Moniz ins Meer. Ein märchenhafter Lorbeerwald mit über 500 Jahre alten Bäumen wächst im Hügelland des Fanal. Die Dörfer im äußersten Nordwesten sind abgelegen, die Landwirtschaft erlaubt ein bescheidenes Überleben. Lediglich Porto Moniz hat sich in den letzten Jahren zu einem Urlaubs- und Ausflugsziel mit Hotels und Apartmentanlagen entwickelt. Ansonsten ist die Küste für eine ausgedehnte Besiedlung zu steil. Einzig Lavaströme und vor Jahrhunderten, gar Jahrtausenden abgestürzte Geröllmassen bildeten schmale Streifen, auf denen sich wohnen lässt. Hier sind in den letzten dreihundert Jahren Bauerndörfer entstanden, die noch immer von Landwirtschaft und Weinbau leben.

Malerisch zeigt sich das winzige Zentrum von São Vicente. Es liegt an der Mündung eines ausgedehnten Talkessels, dessen Flanken von dichtem Lorbeerwald überzogen sind.

Der Encumeada-Pass war einst der wichtigste Übergang von Nord nach Süd. Aus 1000 m Höhe blickt man von hier auf beide Seiten der Insel.

In diesem Kapitel:

40 Achadas da Cruz 94
41 Santa Maria Madalena 95
42 Porto Moniz 95
43 Ribeira da Janela 97
44 Seixal 98
45 Chão da Ribeira 99
46 São Vicente 99
47 Boca da Encumeada 102
48 Bica da Cana 102
49 Rabaçal 102
50 Fanal 105
Übernachten 107

ADAC Top Tipps:

8 Piscinas Naturais, Porto Moniz
| Naturbad |

Ein Lavastrom floss ins Meer. Beim Erkalten bildeten sich Becken, die

in ein Freibad integriert wurden. Die Brandung im Nordwesten ist meist zu stark, um gefahrlos im offenen Meer zu schwimmen. Nur im geschützten Bereich der Meeresschwimmbecken in Porto Moniz lassen sich die Naturgewalten gesichert erleben. 96

9 Rabaçal

| Waldlandschaft |

Im Gebiet von Rabaçal wurden im 19. Jh. die ersten staatlichen Levadas gebaut. Sie leiteten das Wasser von der Nord- auf die Südseite. Heute sind sie die beliebtesten Wanderstrecken der Insel. 102

ADAC Empfehlungen:

23 Teleférico das Achadas da Cruz

| Seilbahn |

Spektakulär stürzt sich die Gondel in die Tiefe auf die sonst nur über einer Wanderweg erreichbare schmale Küstenebene. 94

24 Foz da Ribeira da Janela

| Naturschauspiel |

An der Flussmündung der Ribeira da Janela erhebt sich ein steiler Felszacken im Meer. Vom Strand ergibt sich ein weiter Blick auf die Nordwestküste Madeiras. 97

40 Achadas da Cruz

Ursprüngliches Dorf, in dem die Zeit stehen geblieben scheint

Achadas da Cruz ist abgelegen. Die knapp 200 Einwohner leben mehr schlecht als recht von der Landwirtschaft. Sie bauen sättigende Nahrungsmittel wie Kohl, Kartoffeln oder Möhren an. Ihre Felder sind klein und schwer zu bewirtschaften.

Sehenswert

Teleférico das Achadas da Cruz

| Seilbahn |

23 *Der mobile Aussichtspunkt bietet fantastischen Küstenblick*

Am Nordrand des Dorfes liegt die Bergstation einer abenteuerlichen Gondelbahn. Sie führt auf eine schmale Küstenebene namens Calhau. Die Fahrt verlangt eine Portion Mut. Die Talstation ist nicht besetzt. Den Zeitpunkt der Auffahrt macht man am besten mit dem Wärter an der Bergstation aus oder ruft an – unten befindet sich ein Telefon.

Wem die Fahrt zu heikel erscheint, der kann die Ebene auch zu Fuß erreichen. Direkt an der Bergstation beginnt ein Pflasterweg. In schmalen Serpentinen zieht er sich steil den fast senkrechten Küstenfelsen hinunter – Trittsicherheit und Schwindelfreiheit sind erforderlich.

■ Caminho do Teleférico, Tel. 291 85 29 51, tgl. 8–12 und 13–18 Uhr, wetterbedingte Änderungen möglich, 3 €

Parken

Parkplätze an der Durchgangsstraße und an der Bergstation der Seilbahn zum Calhau.

Die Seilbahn Teleférico das Achadas da Cruz sorgt für etwas Nervenkitzel

41 Santa Maria Madalena

Altes Viehzüchterdorf abseits der großen Besucherströme

Santa Maria Madalena (kurz: Santa) gehört zu den älteren Orten der Nordküste. Die erfolgreichen Jahre, in denen die Landwirtschaft eine wichtige Rolle spielte, sind vorbei.
Fährt man weiter in Richtung Porto Moniz, liegt nach ca. 3 km auf der rechten Seite der Aussichtspunkt Miradoura da Santinha. Hier ergibt sich ein erster Blick auf Porto Moniz.

Parken

Parkplätze an der Kirche und im Caminho da Fajã dos Barbuzados in Lamaçeiros.

Events

Feira Agropecuária Eine große Landwirtschaftsmesse findet an einem Wochenende Ende Juni/Anfang Juli auf einem Gelände an der Straße zum Hochplateau Paúl da Serra statt. Ursprünglich war es eine reine Veranstaltung für Viehzüchter. Heutzutage werden Obst und Gemüse zu kunstvollen Gebilden arrangiert. Das Ganze erinnert an riesige Blumenbouquets. Dazu gibt es zahlreiche Verpflegungsstände.
■ www.portomoniz.pt

Wandern

Eine leichte Wanderung ins Lorbeerwaldgebiet verläuft entlang der **Levada da Ribeira da Janela**. Der Weg ist breit und gut gesichert. Ausgangspunkt ist im Ortsteil Lamaçeiros beim Picknickplatz Parque de Merendas dos Lamaçeiras. Man folgt der Levada entgegen ihrer Fließrichtung ins Tal der Ribeira da Janela. Anfangs verläuft der Weg durch Eukalyptus- und Akazienwald. Bald mischen sich mächtige Lorbeerbäume unter. Nach ca. 1,5 Std. fließt die Levada durch einen Tunnel, hinter dem ein Wasserfall auf die Levada-Mauer donnert. Für die Durchquerung des Tunnels braucht man 10–15 Min. Eine Taschenlampe ist notwendig. Rückweg wie Hinweg.

42 Porto Moniz

Ehemaliger Fischer- und Weinanbauort mit wunderbarem Bad

Information

■ Posto de Turismo Rua Engenheiro Américo, Tel. 291 85 30 75, www.portomoniz.pt, Mo–Fr 10–16, Sa 10–12.30 Uhr, 1. Jan., 25. und 26. Dez. sowie Ostersonntag geschl.

Besuchermagnet ist die kunstvoll zwischen bizarren Lavaformationen angelegte Badeanlage. Ist die Brandung zum Baden zu stark, lassen sich entlang der Uferpromenade gigantische Wellen beobachten.
Am Ostrand befinden sich ebenfalls Lavabecken, die zum Baden geeignet sind. Dazwischen laden zahlreiche Cafés und Restaurants zum Verweilen ein. Die steilen Hänge im Hintergrund sind terrassiert. Hier wächst vorwiegend die Rebsorte Sercial, die den hochwertigen, trockenen Madeirawein liefert. Auffallend sind die Zäune der Felder aus Besenheidegeflecht, das die Rebstöcke vor dem Wind und salzhaltiger Luft schützt.

Sehenswert

Piscinas Naturais

| Naturbad |

8 *Das spektakulärste Meeresschwimmbad der Insel*

Highlight von Porto Moniz sind die alten Lavaströme, die im Meer bizarr erkaltet sind. Aus den westlichen Felsbecken, Piscinas Naturais do Porto Moniz, ließ die Gemeinde ein Bad errichten. Auf ca. 4000 m² verteilen sich mehrere Becken zwischen schwarzem Lavagestein. Die Zugänge sind durch Betontreppen vereinfacht. Je nach Brandung schwappt Meerwasser in die Becken. Eine grüne Flagge zeigt an, dass Schwimmen möglich ist, bei gelber Flagge ist in den Außenbereichen Vorsicht geboten, bei roter Flagge ist das Bad geschlossen.

Die am Ostrand der Uferpromenade gelegenen Lavabecken Piscinas Naturais do Aquário sind frei zugänglich. Der Wasseraustausch findet hier ebenfalls auf natürliche Weise statt.

■ Piscinas Naturais do Porto Moniz, Rua Engenheiro Américo, Tel. 291850190, www.portomoniz.pt, im Sommer tgl. 9–19, im Winter 10–17.30 Uhr, 3 €

■ Piscinas Naturais do Aquário, Rua Forte de São João Batista, www.portomoniz.pt, Eintritt frei

Centro Ciênca Viva

| Ausstellung |

Ein modernes Museumskonzept vermittelt interaktiv das Leben des Lorbeerwalds. Regelmäßig werden in dem Zentrum Sonderausstellungen zu Naturthemen geboten.

■ Rotunda do Ilhéu Mole, Tel. 291854274, tgl. 10–18 Uhr, 3,50 €, Kombiticket mit Aquarium 8 €

Verkehrsmittel

Bus Linien 80, 139 und 150 von Rodoeste halten in der Rua Engenheiro Américo bei den Meeresschwimmbecken. Zusätzlicher Pendelverkehr 2–3 x tgl. nach Ponta do Pargo.

Die Piscinas Naturais von Porto Moniz entstanden durch erkaltete Lavaströme

Parken

Parkplatz am Kreisverkehr beim Schwimmbad; großer Parkplatz am östlichen Ortsrand (0,80 €/Std., mit Parkautomat).

Restaurants

€€ | Polo Norte Das Restaurant besteht seit 1986. Hier essen am Wochenende gern einheimische Familien. Neben einem großen Speiseraum gibt es eine Terrasse mit Blick aufs Meer. ■ Rotunda das Piscinas 2, Tel. 291853322, www.restaurantepolonorte.com, tgl. 12–22 Uhr

€€ | Salgueiro Der große Speiseraum hat eine Glasfront, sodass von jedem Tisch die Brandung zu sehen ist. Serviert wird klassische Madeira-Küche zu angemessenen Preisen. Cafébetrieb mit Tischen vor dem Haus. ■ Rua do Lugar/Rua Engenheiro Américo, Tel. 291852139, www.salgueiroportomoniz.com, tgl. 8–22 Uhr

Einkaufen

Salgueiro Im Erdgeschoss des gleichnamigen Restaurants gibt es einen gut sortierten Andenkenladen mit einer großen Auswahl an Büchern über die Insel, gestrickten Wollpullis, Jacken und Blumensamen. ■ Rua Engenheiro Américo, tgl. 9–19 Uhr

Kinder

Aquário da Madeira In der Festung São João Batista befindet sich ein privat geführtes Aquarium. Elf Becken gruppieren sich um ein großes zentrales. Schwerpunkt ist die Unterwasserwelt des Archipels. ■ Rua Forte de São João Batista, Tel. 291850340, tgl. 10–18 Uhr, 7 €

Events

Semana do Mar In der »Woche des Meeres« in der letzten Juliwoche werden Bootsprozessionen, eine Kanuregatta und ein Fischereiwettbewerb abgehalten.

43 Ribeira da Janela

An den Hängen des längsten Flusses der Insel

Der kleine Bauernort Ribeira da Janela liegt an der steilen Nordwestflanke des gleichnamigen Flusses. Die Häuser hängen wie Schwalbennester am Hang. Die verbliebenen ca. 200 Einwohner versuchen von der Landwirtschaft zu leben. Doch es ist mühsam, an den steilen nördlichen Hängen ertragreich zu wirtschaften. Viele suchen daher ihr Glück im Tourismus.

Am oberen Ortsrand bietet der Aussichtspunkt Miradouro da Eira da Achada einen Blick auf die Nordküste.

Sehenswert

Foz da Ribeira da Janela

| Naturschauspiel |

24 *Blick auf die fast senkrechte Nordwestküste*

An der Mündung der Ribeira da Janela ragt ein erkalteter Vulkanschlot als

ADAC Wussten Sie schon?

Die **Ribeira da Janela** ist mit nur 12 km der längste Fluss Madeiras. Ihr Quellgebiet liegt in der Region bei Rabaçal. Das gesamte Wasser der Hochebene floss vor dem Levada-Bau ungenutzt ins Meer.

schmaler Zacken himmelwärts. Von der Schnellstraße VE 2 führt eine Straße zum östlichen Flussufer. Von dort aus gelangt man über Stufen zu einem Durchbruch, hinter dem sich eine Aussichtsplattform direkt gegenüber dem ehemaligen Schlot befindet.

Parken

Parkplätze an der Mündung der Ribeira da Janela und am Miradouro da Eira da Achada an der ER 209.

44 Seixal

Kleiner Weinbauort mit einem natürlichen Sandstrand

Seixal liegt auf einem schmalen Lavastrom. Im Hintergrund erheben sich mächtige Felswände, überzogen von urwüchsigem Lorbeerwald. Der Landstrich eignet sich gut für den Weinanbau. Zum Schutz sind die Terrassenfelder von Besenheidezäunen umgeben. Der Ort verfügt über einen der seltenen natürlichen Sandstrände, der Praia do Seixal.

Sehenswert

Véu da Noiva

| Aussichtspunkt |

Östlich von Seixal liegt an der Schnellstraße VE 1 der spektakuläre Aussichtspunkt mit Blick auf die steile Nordküste, die alte Küstenstraße und einen Wasserfall. Dieser Wasserfall, der wie ein Brautschleier aus der Insel ragt, gab dem Platz seinen Namen »Brautschleier« (Véu da Noiva). Am frühen Abend herrscht weniger Andrang.

■ ER 101, Seixal

Vom Aussichtspunkt Véu da Noiva blickt man auf den namengebenden Wasserfall

Parken

Parken entlang der Durchgangsstraße und in den Seitenstraßen. An der Praia do Seixal befinden sich **Parkplätze**.

Restaurants

€€ | **Solmar** Freundliches Restaurant an der alten Durchgangsstraße mit Terrasse zum Meer hin. Serviert wird frische Atlantikküche. ■ ER 101, Tel. 291 85 48 54, www.residencialsolmar.com.pt, tgl. 9–23 Uhr

Kneipen, Bars und Clubs

Lounge Bar Clube Naval Bar direkt am Strand mit gemütlichen Stühlen und im Sommer auch Liegen. ■ Cemitério do Seixal, Mobil 918 24 01 18, tgl. 10–2 Uhr

45 Chão da Ribeira

Ungewöhnlich flaches Hochtal umgeben von altem Lorbeerwald

Das Hochtal Chão da Ribeira versteckt sich zwischen Lorbeerwäldern. Auf kleinen Feldterrassen wird noch in mühsamer Handarbeit Landwirtschaft betrieben. Am oberen Ende der Straße beginnt ein Naturlehrpfad, der Besuchern den Lorbeerwald (S. 106) näherbringt. Das Tal füllt sich am Wochenende, wenn einheimische Familien einen Tag in der Natur verbringen.

Restaurants

€€ | **Casa de Pasto Justiniano** Ein bäuerlicher Landgasthof mit guter deftiger Küche vom Land und aus dem Meer. Spezialitäten sind die traditionellen Fleischspieße und die gegrillten Forellen. ■ ER 221, Tel. 291 85 45 59, www.casadepastojustiniano.com, Mi–Mo 12.30–18 Uhr

Schmale Gassen durchziehen den schmucken Ort São Vicente

46 São Vicente

Die Stadt des Lorbeerwaldes mit hübschem Ortskern an der Küste

Information

■ Posto de Informação Turistica, Rua Dr. Jardim de Oliveira 32A, 9240-225 São Vicente, Tel. 291 84 00 20, www.cm-saovicente.pt

Die Siedlung wurde im 15. Jh. erstmals erwähnt. Die Rechte einer Kleinstadt (»vila«) bekam sie 1774.

Gefällt Ihnen das?

Malerische Ortszentren wie in São Vicente sind selten. Neben **Funchal** (S. 18) verfügen noch **Santa Cruz** (S. 47), **Machico** (S. 48) und **Ponta do Sol** (S. 79) über schmale Gassen zwischen den Häusern.

An der Küstenstraße reihen sich zahlreiche Restaurants und Cafés.
Das Zentrum liegt 600 m im Landesinneren. Schmucke Gassen umgeben die Pfarrkirche. Am unteren Ortseingang hat die Gemeinde einen kleinen Botanischen Garten mit Gewächsen des Lorbeerwaldes anlegen lassen. In den oberen Ortsteilen wird Wein kultiviert: São Vicente ist bekannt für hervorragende weiße Tafelweine.
Weiter oben zieht sich der Lorbeerwald urwaldartig die Hänge hinauf.

Sehenswert

Capelinha do Calhau

| Kapelle |

Die Kapelle versteckt sich hinter einem Felsen in der Flussmündung. Sie wurde 1692 so gebaut, dass sie von Piraten nicht gesehen werden konnte. Der Heilige Vinzenz von Valencia soll den Bewohnern des Ortes erschienen sein.

■ ER 211

Igreja do São Vicente

| Kirche |

Die Pfarrkirche geht auf das 17. Jh. zurück. Im Bodenmosaik vor dem Eingangsportal verweisen die Jahreszahl 304 und zwei Raben auf den Ortspatron, den Heiligen Vinzenz. 304 wurde er zu Tode gefoltert; seine Peiniger verweigerten ihm ein Begräbnis und warfen ihn auf ein freies Feld. Engel und zwei Raben bewachten der Legende nach den Leichnam, damit er nicht von Tieren gefressen wurde. Die Jahreszahl 1943 deutet auf eine umfassende Renovierung der Kirche hin. Die Bemalung im Innern der Kirche stammt von dem deutschen Künstler Max Römer, der in den 1920er-Jahren nach Madeira gezogen war.

■ Largo da Igreja, Messe So 11.30 Uhr

Capela Torre de Nossa Senhora da Fátima

| Aussichtspunkt |

Der Pico da Cova ist vom ganzen Tal aus zu sehen. Auf ihm steht der Kirchturm Capela Torre de Nossa Senhora de Fátima. Die Bewohner errichteten den Turm – es fehlt ein Kirchenschiff – in den 1950er-Jahren. Er ist der Jungfrau von Fátima geweiht. Jeden 13. Mai findet eine Prozession statt. Auffallend ist die Turmuhr, die alle Talbewohner sehen können sollten.
Die Zufahrt von Süden erfolgt vom zweiten Kreisverkehr vom Encumeada-Tunnel aus, wo die beschilderte Straße zu den Höhlen abzweigt (s. u.).

■ Caminho do Pico da Cova

Grutas e Centro do Vulcanismo

| Höhle |

Die Vulkanhöhle soll vor ca. 890 000 Jahren durch einen Vulkanausbruch auf der Hochebene Paúl da Serra entstanden sein. Als ein Lavastrom an der Oberfläche erkaltete und erstarrte, floss unterirdisch das flüssige Gestein weiter und bildete Gänge und Säle. Die Gewässer in der Höhle haben ganzjährig eine Temperatur von 12 bis 13° C, die Lufttemperatur liegt zwischen 16 und 17° C.
Die Höhle ist nur im Rahmen einer Führung zu besichtigen. Nach einem

halbstündigen Rundgang bekommt man einen 3-D-Film gezeigt, der die Vorgänge im Erdinneren erklärt. Derzeit werden die Höhlengänge aufwendig abgesichert. Das Ende der Arbeiten war bei Drucklegung nicht absehbar. Die Ausstellungsräume im Centro do Vulcanismo sind aber zugänglich.

Die Höhle ist am Kreisverkehr der Schnellstraße VE2, wo der Tunnel nach Ponta Delgada abzweigt, ausgeschildert. Wer von Süden kommt, folgt der Beschilderung ab dem zweiten Kreisverkehr nach dem Encumeada-Tunnel. ■ Sítio do Pé do Passo, Tel. 291 84 24 04, www.grutasecentrodovulcanismosao vicente.com, tgl. 10–18 Uhr, 8 €

Verkehrsmittel

Bus Rodoeste-Busse fahren nach Funchal (Linien 6, 7 und 139, ca. 10 x tgl.), nach Arco de São Jorge (Linie 6, ca. 3 x tgl.) und nach Santa Madalena (Linien 139 und 150, 3–4 x tgl.). Die Bushaltestelle für Fahrten nach Funchal befindet sich an der ER 104 auf Höhe des Stadtzentrums. Für Fahrten entlang der Nordküste liegt die Haltestelle weiter in Richtung Meer.

Parken

Großer **Parkplatz** am südlichen Ortseingang; Parkbuchten an der ER 104 in Richtung Meer; weitere Parkmöglichkeiten an der Uferstraße.

Restaurants

€€ | Caravela Solides Restaurant an der Uferstraße mit Terrasse. Gute einheimische Gerichte. Große Portionen, gute Qualität. ■ ER 101, Marginal São Vicente, Tel. 291 84 28 14, Do–Di 11–23 Uhr

€€ | Mercado da Ribeira Uriges Grillrestaurant mit einheimischen Spezialitäten. Der Eingang liegt zwischen dem Supermarkt Meu Super und Bäckerei an der ER 104. ■ Rua Dom João V, 221, Sitio do Sarmago, Tel. 291 10 45 88, www.facebook.com/mercadodaribeirarestaurantegrill. Di–Sa 12–16, 19–22.30, So 12–17 Uhr

Cafés

Paderia do Calhau Guter Kaffee und leckerer Kuchen und deftige Snacks. ■ ER 101, Tel. 291 84 27 99, tgl. 6–24 Uhr

Kneipen, Bars und Clubs

Snack Bar Estoril Die Bar direkt gegenüber der Kirche ist eine Institution und Treffpunkt für alle. ■ Rua do Cemitério, tgl. 8–20 Uhr

Erlebnisse

Caminho Real 25 An der Mündung der Ribeira do São Vicente verläuft auf der rechten Flussseite ein alter Fußweg durch abenteuerliche Felsnischen. Es handelt sich dabei um einen der ersten Verbindungswege im Norden der Insel, gleichzeitig ist es der Beginn des Caminho Real 25. Für den Abschnitt braucht man keine 10 Minuten, er bietet aber schöne Fotomotive

ADAC Mobil

Die **alte Küstenstraße** (Antigua ER 101) von São Vicente nach Porto Moniz ist abschnittsweise als Einbahnstraße freigegeben (Fahrtrichtung Porto Moniz). Sie verläuft in der Felswand und bietet abenteuerliche Ausblicke.

47 Boca da Encumeada

Blicke nach Nord und Süd hoch über dem Lorbeerwald

Vom Miradouro da Encumeada ergibt sich ein Blick nach Süden ins Tal von Serra de Água bis nach Ribeira Brava und nach Norden ins Tal von São Vicente. Der Encumeada-Pass war seit der Besiedlung ein wichtiger Übergang. Mit 1007 m Höhe ist er vergleichsweise niedrig. Reste der alten Pflasterstraßen sind noch als Wanderwege erhalten. Der Caminho Real da Encumeada (PR 12) verläuft auf der Südseite bis zur Boca da Corrida (S. 39). Seine nördliche Fortsetzung ist der Caminho do Norte (PR 21), der durch dichten Lorbeerwald bis nach São Vicente führt.

Parken

Parkplatz direkt oberhalb des Passes am Aussichtspunkt.

Kneipen, Bars und Clubs

Bar Encumeada Einfache und urige Bar direkt am Pass. Deftige Snacks, belegte Brote und Kuchen sind im Angebot. ■ ER 228, Boca da Encumeada, tgl. 7.30–20 Uhr

Wandern

Direkt am Pass beginnt der Wanderweg **PR 17**. Auf ihm gelangen Sie in den hohen Lagen der Nordseite in 6–7 Std. auf die Straße, die vom Encumeada-Pass auf die Hochebene führt. Es lohnt sich, den Weg ein Stück zu gehen. Zunächst folgt man der Levada do Norte auf der Südseite. Nach ca. 20 Min. erreicht man einen Tunnel, durch den man auf die Nordseite gelangt. Wer eine gute Taschenlampe dabeihat und trittsicher ist, findet am anderen Ende eine mystische Landschaft. Planen Sie für die Tunnelquerung 15–20 Min. ein.

48 Bica da Cana

Spektakuläre Aussicht auf Hochebene und Gebirgskamm

Den umfassendsten Blick für Nichtwanderer bietet der Aussichtsberg Bica da Cana (1620 m). An der Regionalstraße ER 105 vom Encumeada-Pass nach Porto Moniz liegt nach knapp 9 km auf der rechten Seite das Forsthaus Bica da Cana. Von hier aus gelangt man zu Fuß in knapp zehn Minuten zum Aussichtspunkt. Bei guter Sicht hat man einen Blick über die Hochebene, nach Nordosten fallen die dunkelgrünen Flanken ins São-Vicente-Tal. Weiter im Osten sind die höchsten Berge zu erkennen: rechts mit der Radarkuppel der Pico do Arieiro, links daneben der gezackte Pico das Torres und noch weiter links der höchste Berg, der Pico Ruivo.

Parken

Parkmöglichkeit an der ER 105.

49 Rabaçal

9 *Über 200 Jahre altes Levada-System und Reich der Wasserfälle*

In den 1820er-Jahren begannen die Ingenieure mit den ersten Planungen. Baubeginn war 1835. Ziel war es, Wasser, das auf die Nordseite fließt, nach Süden zu leiten. Nach 20 Jahren Bauzeit

Im Blickpunkt

Levadas – kleine Kanäle für durstige Felder

Wie lang das Levada-System ist, weiß niemand exakt. Zählt man nur die großen Levadas, dürften es 1400 bis 1500 km sein.
Seit Beginn der Besiedlung ließen die Großgrundbesitzer Kanäle ziehen, um Wasser auf die Zuckerrohrfelder zu leiten. Die ersten Levadas waren kurze Zuflüsse mit Holzverschalung. Der Wasserbedarf wuchs mit der Landwirtschaft und der Bevölkerungsdichte, und so wurde der Levada-Bau perfektioniert. Waren die ersten Kanäle einfach und gerade, folgten sie bald in geringem Gefälle den Windungen der Höhenlinien. Als die Bauern ab dem 18. Jh. bis in Höhen von 600 m wirtschafteten, wurde das Wasser auf der Südseite knapp. Bis ins 19. Jh. waren alle Levadas privat. Das Wasser von der Nordseite auf die Südseite zu bringen, verlangte größere Anstrengungen. Die erste staatliche Levada war die heutige Levada do Risco (S. 104). Kurz darauf folgten die Levada da Serra do Faial bei Funchal (S. 43) und die Levada do Furado bei Ribeiro Frio (S. 64). Mitte des 20. Jh. begann der Ausbau von Wasserkraftwerken, die von den Levadas angetrieben wurden. Inzwischen ist der Hauptkamm der Insel von zahlreichen Levada-Tunneln durchbohrt. Der westliche Teil von Funchal wird von der Levada do Norte versorgt, der östliche Teil von der Levada dos Tornos. Beide Kanäle beziehen ihr Wasser von der Nordseite.
Durch das Relief der Insel war der Bau von Levadas stets mit Risiken für die Arbeiter verbunden. Steinschlag, Abstürze, Verletzungen waren ihr Tagesgeschäft. Heute verläuft an jeder Levada ein Weg, der ursprünglich für die Wasserwärter (»levadeiros«) angelegt wurde. Einige der Wartungswege sind heute offizielle Wanderwege.

floss am 16. September 1855 zum ersten Mal in der Geschichte der Insel Wasser durch einen Tunnel von Nord nach Süd. Diese erste Levada ist als Levada do Risco bekannt. Etliche Jahre später (1890) wurde etwa 100 m tiefer eine zweite Levada fertiggestellt. Heute ist sie eine der beliebtesten Wander-Levadas, die sich aus dem Quelltopf der 25 Fontes (25 Quellen) speist. Trotz ihres musealen Charakters dient sie der Wasserversorgung und treibt ein Kraftwerk an. Im 20. Jh. kamen noch die Levada Rocha Vermelha (unterhalb der 25-Fontes-Levada) und die Levada do Alecrim rund 200 m oberhalb der Risco-Levada hinzu. Eines der ehemaligen Gebäude der Ingenieure dient heute der Forstverwaltung, in einem anderen ist das Rabaçal Nature Spot Café untergebracht. Drum herum finden sich idyllische Pausenplätze. Schon im 19. Jh., als das Levada-System gebaut wurde, kamen erste Touristen in das Gebiet. Damals war der Besuch ein abenteuerliches Unterfangen.

Auf dem Weg zur Levada do Risco und Levada 25 Fontes bei Rabaçal

Sehenswert

Casas do Rabaçal

| Waldlandschaft |

Bei den Casas do Rabaçal handelt es sich um die ehemaligen Gebäude der Ingenieure. Sie liegen mitten im Lorbeerwaldgebiet. Mit dem privaten Fahrzeug sind sie nicht zu erreichen. Zu Fuß benötigt man vom Parkplatz an der Straße ER 105 auf einer schmalen Straße ca. 30 Min. im Abstieg und ca. 40 Min. im Aufstieg. 200 Höhenmeter sind jeweils zu überwinden.

Cascata do Risco

| Wasserfall |

Die kürzeste und einfachste Wanderung ist Tour PR 6.1. Sie führt entlang der Risco-Levada bis zum gleichnamigen Wasserfall. Die Levada ist nach kurzem Abstieg von den Häusern von Rabaçal schnell erreicht. Ihr folgt man nach rechts bis zur Aussichtsplattform direkt unter dem Wasserfall, der aus über 100 m die Wand hinunterstürzt.

25 Fontes

| Naturschauspiel |

Der Quelltopf mit den namengebenden 25 Quellen ist nur auf einer Wanderung entlang der gleichnamigen Levada zu erreichen (markierter Wanderweg PR 6). Rutschfestes Schuhwerk ist angebracht. Von den Häusern von Rabaçal steigt man zunächst zur Risco-Levada ab. Schilder weisen nach »Risco« und »25 Fontes«. An der Risco-Levada wendet man sich nach rechts und

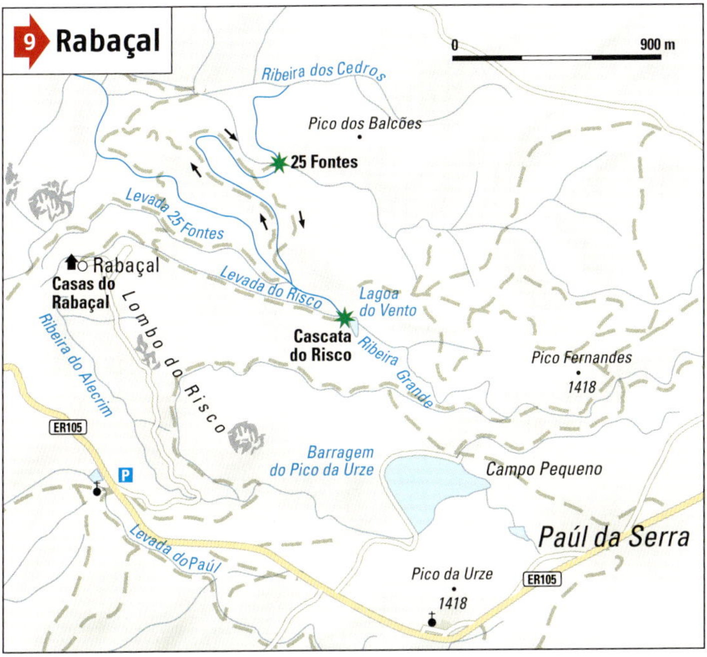

folgt ihr bis zu einer deutlichen Abzweigung nach links unten (Schild: »25 Fontes«). Ein steiler Treppenweg endet an der Levada der 25 Quellen. An ihr wendet man sich nach rechts und folgt ihr für ca. 30 Min., bis rechts Stufen abzweigen. In einem Bogen führt der Weg zunächst durch Baumheide-Lorbeerwald und dann über eine steile Treppe wieder zur Levada der 25 Quellen. Hier rechts und dann wenige Meter weiter gleich wieder rechts in den Kessel der 25 Quellen (beschildert). Für Hin- und Rückweg ab den Häusern von Rabaçal braucht man rund zwei Stunden. Wer Risco-Wasserfall und 25 Quellen kombinieren möchte, muss ab den Häusern von Rabaçal mit drei Stunden rechnen.

ADAC Mobil

Vom Parkplatz an der Regionalstraße ER 105 pendelt tgl. ab 9 Uhr ein **Kleinbus**. Bei großem Andrang ca. alle 20 Min., Hin- und Rückfahrt 5 €, Einzelstrecke 3 €.

P Parken

Großer **Erdparkplatz** (gebührenfrei) an der ER 105 bei der gesperrten Zufahrtsstraße zu den Casas do Rabaçal.

50 Fanal

Eine alte Vulkanlandschaft mit beeindruckenden Lorbeerbäumen

Das Gebiet um das Forsthaus Fanal umfasst alte Vulkanschlote, die sich als niedrige Gipfel zeigen, und einen kleinen Kratersee, der nach stärkeren Regenfällen gefüllt ist. Tische und Bänke laden zur Rast. Der See liegt vom Forsthaus ca. 1 km entlang der ER 209 in Richtung Porto Moniz. Im Bereich des Forsthauses wachsen die ältesten Lorbeerbäume der Insel. Am eindrucksvollsten sind die Stinklorbeerbäume (Ocotea foetens). Der Kanarische Lorbeer (Laurus novocanariensis) ist nicht so mächtig, kann aber neben seinen Nachbarn gut bestehen. Die eindrucksvollsten Bäume wachsen in unmittelbarer Nähe zum Forsthaus.

Parken

Parkbuchten an der Zufahrt zum Forsthaus am Fanal; **Erdparkplatz** an der ER 209.

Wandern

Das Forsthaus am Fanal ist der Endpunkt des offiziellen Wanderwegs **PR 13** (Assobiadores–Paúl da Serra–Fanal). Der komplette Weg könnte ohne organisierten Rücktransport zu lang sein (ca. 11 km, Gehzeit 3–4 Std.). Dennoch lohnt es sich, vom Forsthaus ein Stück den Schildern in Richtung Paúl da Serra zu folgen. Nach ca. 20 Min. gelangt man in einen märchenhaften Lorbeerwald mit uralten knorrigen, mit Moos, Flechten und Farnen überzogenen Bäumen. Trotz der Markierung mit gelb-roten Farbstreifen ist die Gefahr, sich bei Nebel im freien Gelände zu verlaufen, groß.

Im Blickpunkt

Weltnaturerbe Lorbeerwald

Die zwei wichtigsten Lorbeerarten auf Madeira sind der Kanarische Lorbeer (Laurus novocanariensis) und der Stinklorbeer (Ocotea foetens). Die Früchte des Kanarischen Lorbeers erinnern an Oliven, die des Stinklorbeers ähneln Eicheln. Nur die Blätter des Kanarischen Lorbeers werden zum Würzen benutzt.

Der Lorbeerwald auf Madeira ist seit 1999 UNESCO-Weltnaturerbe. Mit 76 endemischen Pflanzen, ist er für die Biodiversität wichtig. Er ist ein Reliktwald aus dem Tertiär, der vor 15–40 Millionen Jahren das europäische Festland bedeckte. Ökologisch steht er zwischen den tropischen Gebirgswäldern und den mediterranen Hartlaubwäldern. Der Wald ist an ein perhumides Klima gebunden, mit Jahresniederschlägen zwischen 2000 bis 6000 mm und einer Durchschnittstemperatur von 13–17 °C. In hohen Lagen auf Madeira verträgt er kurze Frostperioden. Durch das ausgeglichene Klima haben die Bäume kaum ausgebildete Jahresringe und eine dünne Borke. Typisch sind epiphytische Gewächse wie Moose und Farne, die dem Baum nicht schaden.

Als degradierter Lorbeerwald wird eine Mischvegetation aus Baumheidegebüsch und Lorbeerwald bezeichnet, wie sie im Gebiet von Rabaçal vorherrscht. Er entsteht auf natürliche Weise an dem Wind ausgesetzten Stellen, durch Feuer und Vulkanausbrüche oder durch Abholzung.

Auf Madeira bedeckt der Lorbeerwald ca. 15 000 ha. Es ist das weltweit größte zusammenhängende Lorbeerwaldgebiet. Die ältesten Bäume auf der Insel sind rund 800 Jahre alt und stehen am Fanal am Nordwestrand der Hochebene.

Übernachten

Der Nordwesten ist aufgrund des Reliefs dünn besiedelt. Ferienunterkünfte konzentrieren sich auf Porto Moniz und São Vicente. In den Dörfern an der Küste sind vereinzelt Pensionen und Apartments zu mieten. Der Nordwesten und São Vicente sind durch Schnellstraßen gut mit dem Rest der Insel verbunden.

Porto Moniz 95

€€ | Aqua Natura Bay Das moderne Hotel verfügt über 47 Zimmer, alle mit Balkon und Meerblick. Das Moniz Sol ist mit vier Sternen kategorisiert. Den Gästen steht ein Innenpool zur Verfügung. ■ Rua do Forte de São João Baptista, 9270-095 Porto Moniz, Tel. 291 85 01 50, www.aquanaturahotels.com

€€ | Aqua Natura Madeira Alle Zimmer in dem modernen Vier-Sterne-Hotel haben Balkon und Meerblick. Das Hotel liegt direkt an den Meeresschwimmbecken. Die Gäste können eine Sauna mit Jacuzzi und einen Fitnessraum benutzen. ■ Rotunda da Piscina 3, 9270-156 Porto Moniz, Tel. 291 64 01 00, www.aquanaturamadeira.com

€€ | Hotel Euro Moniz Sauberes Mittelklassehotel mit schöner Dachterrasse. Vorsicht: Es gibt Zimmer mit Landsicht und ohne Balkon. Die Benutzung der Sauna ist kostenlos. ■ Rua das Alfarrobeiras 4, 9270-095 Porto Moniz, Tel. 291 85 00 50, www.hoteleuromoniz.com

€€ | Hotel Salgueiro Das Salgueiro liegt zentral. Die Ausstattung entspricht solidem Drei-Sterne-Niveau. Nicht alle Zimmer haben Meerblick. Einige Doppelzimmer verfügen über eine Kochgelegenheit. ■ Lugar do Tenente 34, 9270-156 Porto Moniz, Tel. 291 85 00 80, www.hotelsalgueiro.com

Seixal 98

€ | Residencial Sol Mar Einfache Unterkunft, aber alle sechs Zimmer haben Balkon und Meerblick. ■ Sítio da Ponte, 9270-127 Seixal, Tel. 291 85 48 54, www.facebook.com/residencialrestaurantesolmar.solmar

São Vicente 99

€€ | Estalagem do Vale Gediegene Unterkunft mit Neubau an einem historischen Herrenhaus aus dem 19. Jh. Kleine, aber gemütliche Zimmer, behagliche Aufenthaltsräume. Ganzjährig nutzbarer Außenpool. ■ Sítio das Feiteiras de Baixo, 9240-206 São Vicente, Tel. 291 84 01 60, www.estalagemdovale.com

€€ | Solar da Bica Ein ehemaliges Herrenhaus mit schönem Garten wurde zur Unterkunft umgewandelt. Nur Frühstück. ■ Sítio dos Lameiros, 9240-211 São Vicente, Tel. 291 84 20 18, www.solardabica.pt

Boca da Encumeada 102

€ | Hotel Encumeada Auf knapp 900 m an der Passstraße mit Blick auf die Berge. Die einfachen 49 Zimmer sind ordentlich und sauber. ■ ER 228, Feiteiras, 9350-330 Serra de Água, Tel. 291 95 12 82

Porto Santo und Ilhas Desertas

Wenn Madeirer Urlaub machen wollen, kommen sie nach Porto Santo und genießen das Strandleben

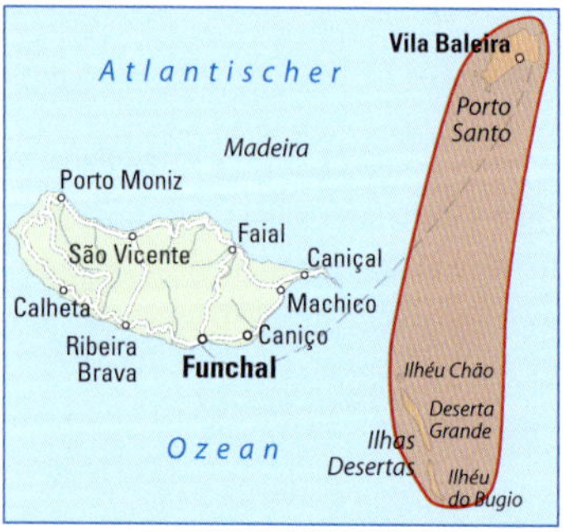

Im Vergleich zu Madeira ist Porto Santo flach. Der höchste Berg ist nur etwas über 500 m hoch. Dadurch stauen sich wenige Wolken an der Insel und es regnet selten. Für den Tourismus unschlagbar wichtig ist der lange Sandstrand. Selbst wenn im Sommer zahlreiche Bewohner von Madeira ihren Urlaub hier verbringen, findet sich immer noch ein ruhiges Fleckchen. Wer etwas mehr Highlife möchte, bleibt in Stadtnähe. Aber eine Partyzone darf man auf Porto Santo nicht erwarten. Selbst zur Hochsaison geht hier nicht die Post ab.

Die Hauptstadt Vila Baleira hat zwar den portugiesischen Großstadttitel »Cidade«, für eine Großstadt fehlt ihr aber die wuselige Dynamik. Sie ist vielmehr ein Dorf mit städtisch anmutenden Bereichen wie einer Fußgängerzone und ein paar Cafés. Außerhalb von Vila Baleira ist die Insel ländlich und fast schon wüstenhaft. Im nördlichen Camacha leben fast nur Bauern, während die östlichen Berglandschaften kaum bewohnt sind. Viele ehemalige Bewohner zog es in die Stadt.

Zum Archipel Madeira gehören noch die südlich gelegenen unbewohnten Ilhas Desertas (auf Deutsch »Wüsteninseln«). Es gibt dort keine einzige Süßwasserquelle. Die besonders seltene Mittelmeermönchsrobbe lebt an den Küsten der Inseln. Sie steht unter strengem Schutz.

In diesem Kapitel:

51 Vila Baleira 110
52 Campo de Baixo 115
53 Pico do Castelo 115
54 Camacha 116
55 Serra de Dentro und Serra de Fora 117
56 Ilhas Desertas 119
Übernachten 120

ADAC Top Tipps:

10 Praia do Porto Santo, Vila Baleira

| Strand |

9 km natürlicher Sandstrand sind auf dem Madeira-Archipel eine Besonderheit, zumal die große Nachbarinsel nicht über eine solche kostbare Ressource verfügt. 111

ADAC Empfehlungen:

25 Casa Colombo - Museu do Porto Santo, Vila Baleira

| Museum |

Das Haus, in dem Christoph Kolumbus gewohnt haben soll, ist heute ein Museum, das Stücke aus der glorreichen Zeit ausstellt. 112

51 Vila Baleira (Cidade do Porto Santo)

Schönster Sandstrand des Archipels und ruhige Landstadt

Vila Baleira ist zwar das Zentrum von Porto Santo, aber dennoch sehr beschaulich

Information

- Posto de Turismo, Avenida Dr. Manuel Gregório Pestana Junior, 9400-171 Porto Santo, Tel. 291 98 52 44, www.visitportosanto.pt, Mo–Fr 9–12.30 und 14–17.30, Sa 10–12.30 Uhr
- Parken: siehe S. 113

Wenn die Bewohner von Madeira Strandurlaub machen wollen, ist Porto Santo ihre erste Wahl. Im Umfeld der Hauptstadt stehen die meisten Unterkünfte und die beste touristische Infrastruktur zur Verfügung.

Vila Baleira – den offiziellen Namen Cidade do Porto Santo benutzt niemand – ist mit etwas über 2500 Einwohnern die einzige Stadt der Insel. An Wochenenden im Sommer vervierfacht sich die Einwohnerzahl. Das Zentrum ist trotz allem beschaulich. Das städtische Leben spielt sich hauptsächlich am Largo do Pelourinho und in den angrenzenden Fußgängerzonen ab, wo sich zahlreiche Cafés und Restaurants befinden. Bis 1834 stand auf dem Platz der Pranger (»pelourinho«), wo Verbrecher bestraft und Sklaven verkauft wurden. Flanieren lässt sich an der mit Palmen gesäumten Uferpromenade.

Porto Santo wurde im Jahr 1418 entdeckt, ein Jahr vor der großen Nachbarinsel Madeira. Schon bald begann

Plan S. 113

die Besiedlung unter dem ersten Gouverneur Bartolomeu Perestrelo. Seine Tochter Dona Filipa de Perestrelo e Moniz heiratete 1479 Christoph Kolumbus, der daraufhin einige Jahre auf Porto Santo lebte und sich als Zuckerhändler betätigte. Dafür verbrachte er allerdings die meiste Zeit auf Madeira. Wirtschaftlich stand Porto Santo in den folgenden Jahrhunderten immer im Schatten seiner großen Schwester Madeira. Lediglich ihre strategisch wichtige Lage auf dem Weg vom europäischen Festland bescherte der Insel einigen Wohlstand. Heutzutage ist hingegen der Tourismus eine bedeutende Einnahmequelle.

Sehenswert

1 Cais Velho

| Kai |

Der alte Kai von 1929 ist heute nicht mehr als solcher in Betrieb. Er dient als Flaniermeile und Aussichtspunkt mit Blick über Stadt und Strand. Gleich am Anfang des Stegs erhebt sich der Padrão das Descobertas. Die Steinsäule honoriert die portugiesischen Entdeckungsfahrer. Seit seiner Einweihung im August 1960 gehen die Meinungen in der Bevölkerung über das Kunstwerk auseinander. Das Denkmal hat den Beinamen Pau de Sabão (»Stück Seife«) bekommen.

2 Praia do Porto Santo

| Strand |

10 *Der schönste Strand der gesamten Inselgruppe*

9 km Sandstrand sind nicht nur auf dem Madeira-Archipel etwas Besonderes. Die Strandzone beginnt direkt am

ADAC Wussten Sie schon?

Kolumbus soll am Strand von Porto Santo die Samen der **Affenleiter** (Entada gigas) gefunden haben. Dabei handelt es sich um eine tropische Lianenart, die in der Karibik heimisch ist. Die herzförmigen Samen können einen Durchmesser von bis zu 5 cm erreichen und sind in der Lage, ohne Schaden weite Strecken im Meer zu überwinden. Die Samen sind auch unter dem Namen »Kolumbusbohne« bekannt.

Kai von Vila Baleira und zieht sich von dort ein Stück in Richtung Osten bis zum Jachthafen. Weitläufiger ist der Strand in Richtung Westen, wo er sich bis an den Südwestzipfel zur Ponta da Calheta erstreckt.

Der Abschnitt direkt im Stadtbereich ist bewacht, es gibt Duschen und Umkleidekabinen. Weiter im Westen wird der Strand natürlicher, zum Land hin begrenzt ihn ein Dünengürtel. Am westlichen Ende des Strands bei Ponta da Calheta erwartet Sie wieder eine strandübliche Infrastruktur mit sanitären Anlagen und einem guten Strandrestaurant (Ponta da Calheta, Tel. 291 98 53 22, tgl. 10–23 Uhr).

Der helle Sand ist anders als die meisten anderen Inselstrände nicht vulkanischen Ursprungs, sondern besteht aus zerriebenen Muschelschalen.

ADAC Mobil

Die Firma **Moinho** bedient die ganze Insel. Es gibt auf Porto Santo fünf Buslinien: Linie 1 bedient den Norden mit Camacha (2 x tgl.); Linie 2 fährt in den östlichen Teil (ca. 2 x tgl.), Linie 3 verbindet Campo de Baixo mit der Hauptstadt (ca. 8 x tgl.). Mit Linie 4 gelangt man in den Westteil bis zur Ponta da Calheta (ca. 4 x tgl.). Linie 5 ist der Fährzubringer (Abfahrt vom Zentrum der Stadt ca. 45 Min. vor Abfahrt der Fähre nach Madeira). Linie 6 fährt als Sightseeingbus um die Insel (Abfahrt ca. 14 Uhr). Die zentrale Haltestelle liegt in der Avenida Dr. Manuel Pestana Junior bei der Tankstelle und beim Taxistand im Stadtzentrum.

Avenida Dr. Manuel Pestana Junior, Tel. 291 98 21 41, www.moinhorentacar.com

3 Casa da Câmara

| Architektur |

Das ehemalige Rathaus liegt am zentralen Platz Largo do Pelourinho. Es stammt aus dem 16. Jh. und zeigt Elemente der portugiesischen Renaissancearchitektur. Über dem Eingang im ersten Stock ist das Landeswappen mit der Königskrone in Stein gehauen. Direkt vor dem Haus schmücken drei Drachenbäume die Fassade.

■ Largo do Pelourinho

4 Igreja da Nossa Senhora da Piedade

| Kirche |

Das Gesamterscheinungsbild der Pfarrkirche ist schlicht. Die Grundmauern gehen auf das Jahr 1430 zurück. Französische Korsaren zerstörten die Kirche 1566 komplett, und 100 Jahre später fiel sie noch einmal einem Piratenüberfall zum Opfer. Die gotische Kapelle Capela da Morgada an der Südseite überstand die Zerstörungswut, sie stammt noch aus dem 16. Jh.

Heute zeigt die Kirche im Inneren ein barockes Gesicht. Das Altarbild malte der deutsche Künstler Max Römer.

■ Largo do Pellourinho/Rua Cristovão Colombo

5 Casa Colombo – Museu do Porto Santo

| Museum |

25 *Einblick in die Zeit der großen Entdeckungen*

Während seiner Zeit auf der Insel soll Christoph Kolumbus in einem Haus, in dem heute das Museum untergebracht ist, gelebt haben – zumindest stand sein damaliges Wohnhaus an der Stel-

le. Das heutige Gebäude ist jünger, nur die Nordmauer stammt noch aus der Zeit von Kolumbus.

In dem kleinen, liebevoll geführten Museum dreht sich alles um die portugiesischen und auch spanischen Entdeckungsfahrten. Zwei weitere Säle widmen sich dem niederländischen Kolonialreich. Einige Fundstücke der holländischen Galeone »Sloot Ter Hooge« sind zu besichtigen. Das Schiff sank 1724 vor der Nordküste von Porto Santo.

■ Travessa da Sacristia 2–4, Tel. 291 98 34 05, Di–Sa 10–12.30 und 14–17.30, So 10–13 Uhr, an Feiertagen geschl., 2 €

Parken

Parkplätze in der Rua Maximano de Sousa, beim Supermarkt Pingo Doce in der Nähe des Cais, am östlichen Ortsrand an der ER 120 und am westlichen Ende der Promenade beim Hotel Torre Praia sowie am Westende des Strands an der Ponta da Calheta.

Restaurants

€ | Mercado Velho Uriges Lokal in der alten Markthalle mit authentischer Insel-Küche zu günstigen Preisen. Für viele Einheimische ist der Barbereich das zweite Wohnzimmer. Spezialitäten sind neben Fisch auch Rindfleischspieß und als Nachspeise Maracuja-Pudding. ■ Rua João Gonçalves Zarco, Tel. 291 98 42 05, tgl. 9–24 Uhr, Sa länger, Plan S.113 c2

€€ | O Forno Kleines, unscheinbares Restaurant mit bodenständiger Küche. Der Schwerpunkt liegt hier auf Gegrilltem und deftiger Hausmannskost. ■ ER 111, Tel. 291 98 40 35, www.facebook.com/oforno.oforno.9, tgl. 12–15 und 18–22 Uhr, Plan S. 113 a3

Hinter Vila Baleira ragt der Pico do Castelo in die Höhe

Einkaufen

Centro de Artesanato Gemeinschaftsgeschäft der lokalen Kunsthandwerker, die alte Traditionen am Leben erhalten, wie das Töpfern von Tonfiguren und Flechtarbeiten aus Palmblättern. Sie bekommen hier hochwertige Souvenirs: Strohhüte, Schmuck aus Muschelschalen und Keramikwaren, die ins Fluggepäck passen. Angeschlossen ist ein Café. ■ Avenida Dr. Manuel Gregório Pestana Júnior, Mo–Fr 9–17.30, Sa 10–12.30 Uhr, Plan S. 113 b3

Konzerte

Centro Cultural e de Congressos Im Kulturzentrum der Insel, direkt neben dem Rathaus, finden regelmäßig Konzerte statt. ■ Rua Dr. Nuno Silvestre, Tel. 291 98 06 00, www.facebook.com/ccc.portosanto, Plan S. 113 b2

Kneipen, Bars und Clubs

Pé na Água Tagsüber und am frühen Abend fungiert das Strandlokal als Restaurant. Abends legen DJs auf und das Gebiet verwandelt sich in eine Partyzone, allerdings nur im Sommer. ■ Estrada Regional 111, Tel. 291 98 33 03, www.facebook.com/penaagua, Plan S. 113 westl. a3

Events

Festas de São João In der Zeit um den Johannistag (24. Juni) ist die Stadt mit Blumen geschmückt und es finden diverse Umzüge und Folkloreaufführungen statt.

Festival Colombo Mitte September gedenkt Porto Santo seines berühmten Bewohners Christoph Kolumbus mit Folkloreaufführungen und einem Mittelaltermarkt. Den Beginn macht die Ankunft des Entdeckers auf der

Insel mit der »Santa Maria«, einem originalgetreuen Nachbau des Kolumbusschiffes, das ansonsten in Funchal im Jachthafen liegt. Der genaue Termin wird auf www.visitmadeira.pt veröffentlicht.

Sport

Colombo Fahrräder, E-Bikes und Scooter eignen sich bestens für die Erkundung der relativ flachen Insel. Die Miete liegt bei 12 €/Tag für ein Rad und ca. 30 € für ein E-Bike. ■ Avenida Vieira de Castro 64, Tel. 291 98 44 38, www.aacolombo.com, Plan S. 113 a3

Porto Santo Sub Tauchschule am Jachthafen. Die Unterrichtssprache ist Englisch oder Portugiesisch. ■ Estrada Jorge de Freitas s/n, Penedo, Mobil 917 69 66 99, www.portosantosub.com, Plan S. 113 östl. c2

52 Campo de Baixo

Ferienort am ruhigeren Strandabschnitt mit vielen Unterkünften

Campo de Baixo ist eine reine Feriensiedlung direkt am Strand. Zahlreiche Hotels der großen Ketten liegen hier, auch private Unterkünfte und Apartments sind zu bekommen.Hier steigen vorwiegend Ausländer ab.

Parken

Parkplatz am Ende der Straße, die am Westrand des Ortes zum Strand führt.

Kneipen, Bars und Clubs

Bar do Henrique Lässige Strandbar, wo im Sommer regelmäßig Partys mit angesagten DJs stattfinden. ■ Praia do Ribeiro Cochino, Tel. 291 98 48 81, www.facebook.com/BardoHenriquePortoSanto, tgl. 10.30–20 Uhr, am Wochenende auch mal länger

Sport

On Water Academy Alles, was mit sportlichen Aktivitäten auf dem Wasser zu hat, kann hier praktiziert oder gelernt werden: Wellenreiten, Kitesurfen, Windsurfen und Stand-up-Paddling. ■ Praia Cabeço da Ponta, südwestlich von Campo de Baixo, Mobil 964 38 85 35, Info auf Facebook und Instagram (@onwater academy)

53 Pico do Castelo

Schöner Aussichtsberg mit Blick auf Strand und Flughafen

Für die ansonsten recht karge Insel ist der Pico do Castelo dicht bewachsen. Aufforstungsprogramme der letzten Jahrzehnte sorgten für einen mediterranen Mischwald. Die aufgeforsteten Bäume sind zwar nicht heimisch, aber sehr robust und dämmen die Erosion ein. Der Hauptbaum ist die Aleppokiefer. Sie stammt ursprünglich aus dem Mittelmeerraum und passt gut in das Klima der Insel. Etwas hochstämmiger ist die Seekiefer, ebenfalls aus dem westlichen Mittelmeerraum. Dazwischen wachsen einige Zypressen. Spärlicher ist die heimische Vegetation wie Gagelbusch und Besenheide.

Von der ER 261, der Regionalstraße von Dragoal nach Camacha, zweigt eine schmale Straße zum Aussichtspunkt Miradouro do Pico do Castelo ab. Hier steht auf einem gepflastertem Platz eine alte Kanone, die einst zur Piratenabwehr diente. Der Blick schweift über

Vila Baleira und den Strand in Richtung Süden. Nach Osten erkennt man am Fuße des Berges die Landebahn und im Hintergrund rechts die vorgelagerte Insel Ilhéu de Ferro und links die Ilhéu de Baixo. Vom Aussichtspunkt führt ein Fußweg in ca. 20 Minuten auf den eigentlichen Gipfel (437 m). Dort steht ein Denkmal für António Schiappa de Azevedo, der Ende des 19. Jh. mit den Aufforstungen begann.

Parken

Stellplätze finden sich am Miradouro do Pico do Castelo.

Wandern

Wer mag, kann auf dem Wanderweg **PR 2** (Vereda do Pico do Castelo) um den höchsten Berg der Insel, den Pico do Facho (516 m), wandern. Der markierte Weg beginnt am Pico do Castelo und führt in zwei Varianten nach Moledo. Eine Variante verläuft im Uhrzeigersinn am Pico do Facho vorbei, die andere entgegen, sodass sich aus beiden Abschnitten eine Runde kombinieren lässt. Für die Rundtour sollte man gut 2 Std. einplanen.

54 Camacha

Winzerort abseits der Urlauberströme an der wilden Nordküste

Camacha ist ein ursprünglicher Ort, in dem der Tourismus kaum eine Rolle spielt. Wichtiger Erwerbszweig ist der Weinbau. Rund um das Dorf werden auf kleinen Feldern Reben angebaut. Der Großteil der Trauben geht in die Tafelweinproduktion. Der Wein ist recht alkoholreich und schwer.

Sehenswert

Museu Cardina

| Museum |

Das Museum umfasst eine Privatsammlung von Alltags- und Landwirtschaftsgeräten vergangener Jahrhunderte. José Cardina sammelte nicht nur, er baute auch Modelle im Verhältnis 1:5 von Schiffen, Windmühlen und Karren, wie sie auf Porto Santo typisch waren. Zudem hat er alle 16 Brunnen der Insel in zehnfacher Verkleinerung nachgebaut.

■ Estrada Domingos de Ornelas, www.facebook.com/museudocardina, Besichtigung nach Vereinbarung, Eintritt frei

Restaurants

€€ | Torres Auf der Terrasse spenden Palmwedel Schatten, der Speiseraum innen ist rustikal eingerichtet. Die Teller werden schön arrangiert. Der Schwerpunkt liegt auf meist über dem Holzfeuer Gegrilltem – Fisch und Fleisch –, aber auch typische Schmorgerichte sind zu haben. Besonders beliebt ist das »Piri-Piri-Huhn«. Es wird ein Abholservice von den Hotels angeboten. ■ Estrada Domingos d'Ornelas 68, Tel. 291 98 43 73, Instagram (@restaurantetorres75), tgl. 10–23 Uhr

In der Umgebung

Praia das Salemas

| Strand |

Der Strand in der versteckten Bucht liegt an der Nordküste. Vorgelagerte Felsen schützen ihn vor übermäßiger Brandung. Baden lässt sich zudem in natürlichen Lavabecken. Infrastruktur und Strandwächter sind hier allerdings nicht vorhanden.

Verfallene Gehöfte und eine karge Landschaft prägen Serra de Dentro

Vom nördlichen Ortsrand von Camacha führt ein Fußweg zunächst oberhalb des einzigen Taleinschnitts in diesem Bereich. In einer weiten Kurve steigt man dann in das Tal und wandert in Richtung Meer. An der Mündung des meist trockenen Flusslaufs liegt die Bucht. Vom Zentrum von Camacha sind es zu Fuß ca. 2 km.

Fonte da Areia

| Aussichtspunkt |

Von dem Aussichtspunkt hat man einen schönen Blick auf die wilde Nordküste. Die Felsen bestehen aus gepresstem Sand; es handelt sich dabei um fossile Dünen. Hier befindet sich auch eine Quelle, die Mitte des 19. Jh. in Stein gefasst wurde. Darunter liegt ein schöner Picknickplatz. Auf einem Fußweg gelangt man hinunter zur Küste mit bizarren Felsformationen. Ein ehemaliger Vulkanschlot – die Ilhéu da Fonte da Areia – steht als Felszacken einsam im Wasser.

Von Camacha aus fahren Sie um das nördliche Ende der Landebahn und erreichen nach rund 2 km den Weg Vereda do Calhau, der in wenigen Minuten zum Aussichtspunkt und zur Quelle führt.

55 Serra de Dentro und Serra de Fora

Verlassene Dörfer in einer kargen, wüstenhaften Landschaft

An der nordöstlichen Flanke des Pico do Facho wirkt Porto Santo wüstenhaft. Mit Stauseen versucht man, das spärliche Nass zu speichern. Aufforstungen sollen den Wasserhaushalt stabilisieren. Dennoch zog es viele Bewohner fort – der schnellste Weg zu Lohn und Brot war der Umzug nach Madeira.

Im Blickpunkt

Bedrohte Robbe

Die Mittelmeermönchsrobbe (Monachus monachus) ist vom Aussterben bedroht. Mit knapp 600 Tieren weltweit gehört sie zu den seltensten Tierarten. Nahe verwandt ist sie mit der ebenfalls gefährdeten Hawaii-Mönchsrobbe (Neomonachus schauinslandi). Von dieser Art leben noch knapp über 1000 Tiere. Mittelmeermönchsrobben können bis zu 3 m lang werden und bringen um die 300 kg auf die Waage. Sie sind damit etwa doppelt so groß wie der Seehund der Nordsee. Um die Größe zu erreichen und das Gewicht zu halten, braucht jedes erwachsene Tier rund 3 kg Fisch am Tag, was den Fischern wiederum nicht behagt.

Die meisten Mittelmeermönchsrobben leben im Ägäischen Meer (200–300 Tiere), gefolgt von einer Gruppe mit 250 Tieren an der Halbinsel Ras Nouadhibou an der Grenze zwischen Marokko und Mauretanien. 10–15 Tiere sollen noch an der Mittelmeerküste vor Algerien vorkommen.

Biologen schätzen, dass auf den Ilhas Desertas etwa 30–40 Exemplare heimisch sind. Immer wieder erkunden einzelne Tiere die Küsten von Madeira und Porto Santo. Sie kommen vermehrt in Kontakt mit Menschen: Fischern, Tauchern, Ausflugsbooten und – wenn auch selten – mit Badenden. Verschiedene Organisationen versuchen in Zusammenarbeit mit der Naturparkbehörde die Bevölkerung zu sensibilisieren, damit der Eingriff in das Leben der Wildtiere auf ein Minimum beschränkt wird. Was angesichts der possierlichen Robben oft vergessen wird: Die Mittelmeermönchsrobbe ist ein Raubtier (www.lifemadeira monkseal.com). Die meisten Jungen kommen im Herbst zur Welt, dann sollten Taucher vorsichtig sein.

Viele Höfe in Serra de Dentro und im weiter südlich gelegenen Serra de Fora sind daher verlassen.
Schon fast an der Südküste liegt der Aussichtspunkt Portela. Man überblickt die Zivilisation und den herrlichen Sandstrand.

Parken

Am Aussichtspunkt Portela befindet sich ein großer **Parkplatz**.

Restaurants

€€ | Panorama Restaurant & Lounge Bar Wie der Name verspricht, genießen Sie von hier während des Essens einen herrlichen Ausblick. Auf den Tisch kommt gehobene portugiesische Küche aus saisonalen Produkten. Es besteht ein Abhol- und Bringservice zu den Hotels. Das Restaurant liegt zwischen dem Aussichtspunkt Portela und Vila Baleira. ■ Estrada Carlos Pestana Vasconcelos, ER 260 Casinas, Mobil 966 78 96 80, www.panorama-restaurante.pt, Di–So 19–23 Uhr, Jan. bis März geschl.

56 Ilhas Desertas

Unbewohntes Naturschutzgebiet südöstlich von Madeira

Die Ilhas Desertas (auf Deutsch »Wüsteninseln«) sind drei Inseln. Die große zentrale Insel ist die Deserta Grande, die nördliche kleine die Ilhéu Chão, und die südliche heißt Bugio.
Von Madeiras Südostküste und Porto Santos Südwestküste sind, wenn die Luft über dem Meer nicht zu diesig ist, alle drei Inseln zu sehen. Die Entfernung von Funchal bis zur Deserta Grande beträgt ca. 40 km. Von Vila Baleira auf Porto Santo ist die größte Insel etwa 60 km entfernt.
Es gibt auf keiner der Inseln eine Süßwasserquelle, dennoch waren sie in der Vergangenheit zumindest teilweise bewohnt. Mehr als 15 Einwohner waren es allerdings nie. Es fehlt Trinkwasser, und auch die unzugänglichen Küsten machten es für Menschen unmöglich, dauerhaft dort zu leben. Ende des 16. Jh. versuchten die Bewohner von Madeira, auf der Deserta Grande Vieh zu halten und Getreide anzupflanzen. Von 1894 bis 1971 waren die Inseln in Privatbesitz. Seitdem sind sie portugiesisches Staatsgebiet. Erst seit 1990 stehen die Ilhas Desertas unter Naturschutz, und seit 1995 gelten sie als »Reserva natural« (in Portugal ist das nach »Parque nacional« und »Parque natural« die dritte Schutzkategorie). Eingeschleppte Tierarten wie Kaninchen und Ratten verschwanden Ende der 1990er-Jahre. Bekannt sind die Inseln für seltene Tierarten wie die Mittelmeermönchsrobbe (S. 118) oder den Kapverdensturmvogel.

ADAC Mobil

Die Inseln sind nur im Rahmen von **organisierten Schiffsausflügen** zu besuchen. Zahlreiche Agenturen auf Madeira haben die Fahrten im Programm. Anbieter sind zum Beispiel Ventura do Mar (www.venturadomar.com) oder Bonita da Madeira (www.bonita-da-madeira.com). Beide haben ihren Hauptsitz in Funchal.
Wer mit dem eigenen Boot anreisen möchte, braucht eine Genehmigung von der Naturparkbehörde von Madeira (ifcn.madeira.gov.pt).

Übernachten

Die meisten Unterkünfte liegen an der Südküste. Die Gastgeber sind auf Strandurlauber eingestellt. Wer nicht unbedingt in Strandnähe wohnen muss, findet im Norden ruhige Anlagen. In Vila Baleira herrschen kleine Pensionen vor. Hotelanlagen mit gehobenem Standard sind südwestlich in den Feriensiedlungen Campo de Baixo und Cabeço da Ponta angesiedelt. Alle sind über Veranstalter zu mieten.

Vila Baleira 110

€€ | Hotel Praia Dourda Das Hotel liegt im Zentrum der Stadt. Es verfügt über 100 Zimmer und bietet soliden Drei-Sterne-Komfort. Zum Strand laufen Sie ca. 200 m. ■ Rua D. Estevão de Alencastre, 9400-161 Porto Santo, Tel. 291 98 04 89, www.portosantohotels.com

€€€ | Hotel Torre Praia Das einzige Hotel der Stadt direkt am Strand ist mit 66 Zimmern relativ groß. Die Zimmer erfüllen ihren Zweck und haben einen Balkon. Zum Hotel gehören zwei Strandrestaurants. ■ Rua Goulart Medeiros, 9400-164 Porto Santo, Tel. 291 98 04 50, www.portosantohotels.com

Campo de Baixo 115

€€ | Inatel Porto Santo Praktisches, günstiges Ferienhotel mit Pool und in Strandnähe. ■ Estrada Regional 120, 9400-242 Porto Santo, Tel. 291 98 03 00, www.hoteis.inatel.pt.

€€€ | Hotel Vila Baleira Resort Das luxuriöse Hotel direkt am ruhigen südlichen Strandabschnitt verfügt über komfortable Zimmer und Apartments sowie ein Thalasso-Zentrum. ■ Sítio do Cabeço Ponta, Apartado 23, 9400-909 Porto Santo, Tel. 291 98 08 00, www.vilabaleira.com

€€€ | Pestana Colombos Das große Fünf-Sterne-Ferienhotel liegt direkt am Strand und bietet alles, was zu sorgenfreien Ferien gehört: qualitativ hochwertige All-inclusive-Verpflegung, Sport- und Animationsprogramme, Innen- und Außenpool. ■ Estrada Regional 120, Sítio Campo de Baixo, 9400-242 Porto Santo, Tel. 291 14 40 50, www.pestana.com

€€€ | Theresia's Liebevoll geführte kleine Unterkunft mit sechs unterschiedlich gestalteten Zimmern. Das Haus liegt direkt am Strand und ist von einem schönen Garten mit lauschigen Ecken zum Entspannen umgeben. Mindestaufenthalt vier Nächte. ■ Rua Juvenal Ferreira da Camara 12, 9400-242 Campo do Baixo, Tel. 291 98 36 83, www.theresias.pt

Camacha 116

€€ | Quinta do Serrado Die rustikalen Basaltgebäude schmiegen sich sanft in die Landschaft. Sie sind wie ein portugiesisches Dorf gebaut. Die Inneneinrichtung der 22 Zimmer ist dem ländlichen Stil angepasst. Mit Sauna, Whirlpool und Außenpool. Im Restaurant wird mediterrane und Inselküche serviert. Buchbar über Veranstalter. ■ Sítio do Pedregal, 9400-010 Porto Santo, Tel. 291 98 02 70

ADAC Service Madeira

Beim **ADAC Info-Service**, in den **ADAC Geschäftsstellen** sowie auf dem **Internetportal des ADAC** (adac.de) erhalten Sie Informationen zu den Dienstleistungen des Automobilclubs und zu Ihrem Reiseziel. So können Sie sich von der **ADAC Trips App** (adac.de/services/apps/trips) via Smartphone oder Tablet-PC inspirieren lassen oder als **ADAC Mitglied** das kostenlose **ADAC Tourset® Madeira** (adac.de/reise-freizeit/reiseplanung/tourset) mit vielen Reiseinfos und Karten anfordern. Bei Pannen und Notfällen steht Ihnen unser Team rund um die Uhr telefonisch und digital (adac.de/hilfe und ADAC Pannenhilfe App) zur Verfügung.

ADAC Info-Service

T 089 558 95 96 97
Infos zu allen ADAC Leistungen
(Mo–Sa 8–20 Uhr gebührenfrei)

ADAC Pannenhilfe Deutschland

T 089 20 20 40 00, Mobil 22 22 22
(Verbindungskosten je nach Netzbetreiber/Provider)

ADAC Ambulanzdienst

T +49 89 76 76 76
(Erkrankung, Unfall, Verletzung, Transportfragen, Todesfall)

ADAC Pannenhilfe Ausland

T +49 89 22 22 22
(Verbindungskosten je nach Netzbetreiber/Provider)

Online-Angebote des ADAC für Ihre Reiseplanung

Service	Webadresse
Reiseinspirationen, -planung und -hinweise	adac.de/reise-freizeit/reiseplanung
Aktuelle Verkehrslage	adac.de/verkehr
Individuelle Routenplanung	adac.de/maps
Infos zu Tankstellen und Spritpreisen	adac.de/tanken
Infos zu mautpflichtigen Strecken	adac.de/mautportal
Infos zu Fährverbindungen	adac.de/faehren
Aktuelle Infos vor Reiseantritt	adac.de/tourmail
Informationen für Camper	adac.de/camping
Informationen für Motorrad- und Oldtimerfahrer	adac.de/reise-freizeit/reisen-motorrad-oldtimer
Informationen für Segler und Skipper	skipper.adac.de
ADAC Reiseangebote	adacreisen.de
ADAC Autovermietung	adac.de/autovermietung
ADAC Versicherungen für den Urlaub	adac.de/versicherungen
Weltweite Preisvorteile für ADAC Mitglieder	adac.de/vorteile-international
Telemedizinische Beratung	adac.de/meinmedical

Diese **Produkte des ADAC** könnten Sie interessieren: **ADAC Das große Kreuzfahrtbuch**, **ADAC Reiseführer Portugal** und **ADAC Reiseführer Teneriffa** – erhältlich im Buchhandel, bei den ADAC Geschäftsstellen und in unserem ADAC Online-Shop (adac.de/shop).

Anreise und Einreise

Auto

Die Anreise mit dem Auto ist derzeit nicht möglich.

Flugzeug

Der **Flughafen Madeira Cristiano Ronaldo** (FNC, www.aeroportomadeira.pt) liegt bei Santa Cruz, 20 km nordöstlich der Hauptstadt Funchal (Bustransfer s. S. 33). Die Landung gilt wegen der Windverhältnisse als schwierig. Bei zu starkem Wind ist Porto Santo der Ausweichflughafen. Von vielen deutschen, österreichischen und Schweizer Flughäfen bestehen Direktflüge.

Porto Santo wird im Sommer nur von Düsseldorf aus angeflogen. Der Inselflughafen (PXO, www.aeroporto portosanto.pt) befindet sich im Zentrum der Insel, knapp 3 km von der Hauptstadt Vila Baleira entfernt.

Die portugiesische Fluggesellschaft TAP fliegt Madeira mehrmals täglich und Porto Santo etwa einmal täglich von Lissabon aus an.

Die **Flugzeit** von Mitteleuropa beträgt etwa vier Stunden. Die Preise für Hin- und Rückflug sind starken saisonalen Schwankungen unterworfen.

Einreise und Dokumente

Portugal ist Teil des Schengenraums. Es gibt daher keine oder nur stichprobenartige Grenzkontrollen. Urlauber aus Deutschland, Österreich und der Schweiz müssen jedoch einen mindestens noch drei Monate gültigen Personalausweis oder Reisepass bei sich haben. Kinder brauchen ein eigenes Reisedokument. Wir empfehlen, für den Notfall vor Reiseantritt Fotokopien Ihrer Reisedokumente anzufertigen und diese getrennt von den Originalen aufzubewahren.

Auto und Straßenverkehr

Führerschein und Papiere

Die Anreise mit eigenem Fahrzeug ist derzeit nicht möglich. Zum Mieten eines Leihwagens genügt der nationale Führerschein. Einige Autovermietungen verlangen ein Mindestalter des Fahrers von 21 Jahren und eine Fahrpraxis von mindestens zwei Jahren.

Tempolimits auf Madeira

(Ausnahmen siehe Verkehrsvorschriften)

Straße	Tempolimit
Schnellstraße	max. 100 km/h, oft auch nur 80 km/h (Schilder beachten)
Landstraße	max. 80 km/h
Ortschaft	max. 50 km/h

Straßennetz und Sicherheit

Das Straßennetz auf Madeira ist gut ausgebaut. Die meisten Küstenorte sind durch Schnellstraßen miteinander verbunden. Entlang der Südküste von Caniçal im Osten bis Ribeira Brava im Zentrum der Insel verläuft eine vierspurige Schnellstraße. Alle anderen Schnellstraßen sind zweispurig. Die Land- und Dorfstraßen sind häufig schmal und steil. Mit Schlaglöchern, hinter Kurven parkenden Autos und Fußgängern ist zu rechnen. Die Straßen in hohen Lagen sind oft feucht. Moos, Blätter und Erde erhöhen die Schleudergefahr. Aufgrund des Reliefs wurden auf Madeira über 200 Straßentunnel gebohrt, die über hohe Brücken verbunden sind. Auf Porto Santo gibt es nur Land- und Dorfstraßen.

Verkehrsvorschriften

Zu den **Höchstgeschwindigkeiten** siehe Tabelle S. 123. Häufig ist die erlaubte Geschwindigkeit durch eine entsprechende Beschilderung weiter eingeschränkt, beispielsweise innerorts in verkehrsberuhigten Zonen auf 20 km/h. Verstöße werden mit hohen Bußgeldern geahndet. Die Bußgeldbescheide können auch in Deutschland vollstreckt werden.

Die **Promillegrenze** liegt bei 0,5. Für jeden Mitfahrenden ist eine **Warnweste** mitzuführen, die bei Unfall oder Panne beim Verlassen des Fahrzeugs getragen werden muss. Beim Überholen von Radfahrern ist ein **Mindestabstand** von 1,50 m einzuhalten.

Sehr häufig ist auf Madeira der **Kreisverkehr**. Wer sich im Kreisel befindet, hat Vorfahrt. Wer die nächste Ausfahrt nehmen möchte, benutzt die rechte Spur. Andernfalls muss in zweispurigen Kreiseln innen gefahren werden, bis zum Ausfahren nach rechts gewechselt wird. Vorsicht: Diese noch relativ neue Regel wird nicht immer eingehalten. Außerdem gelten Ausnahmen für schwere Fahrzeuge, Fahrräder und Tiergespanne.

Tanken

Das Tankstellennetz ist dicht. Angeboten werden bleifreies Super (95 und 98 Oktan) und Diesel, seltener auch Autogas. E10-Kraftstoffe sind nicht üblich. Die Kraftstoffpreise liegen in der Regel etwas über deutschem und österreichischem Niveau.

Parken

In den wenigsten Städten ist das Parken gratis. Häufig sind in Ortszentren blau markierte, gebührenpflichtige Zonen mit Parkautomat ausgewiesen. In den größeren Städten gibt es Parkhäuser. Die Parkgebühren schwanken zwischen 0,20 und 2 €/Std. An gelb markierten Straßenrändern besteht absolutes Park- und Halteverbot. Verstöße werden streng geahndet, es droht sogar die Abschleppung.

Maut

Bislang sind alle Straßen und Tunnel auf Madeira und Porto Santo mautfrei.

Unfall

Nach einem Unfall sollten Sie sofort anhalten, die Unfallstelle absichern und Erste Hilfe leisten – dabei an das Anlegen der Warnweste denken. Die ist auch auf Madeira Pflicht. Achten Sie bei Mietwagen darauf, dass für jeden Insassen eine Weste im Auto ist.

Bei Personenschaden müssen Sie zwingend die **Polizei** verständigen (Notruf: 112). Sollte nur ein Sachschaden vorliegen, empfiehlt sich die Verwendung des »Europäischen Unfallberichts«, der mehrsprachig über den ADAC erhältlich ist. Mietwagenfahrer müssen bei einer Panne oder einem Unfall sofort die **Mietwagenfirma** informieren, die Telefonnummer steht auf dem Mietvertrag.

Die **ADAC Pannenhilfe** erreichen ADAC Mitglieder zur Beratung bei Fahrzeugpannen und -unfällen unter Tel. +49/89/ 22 22 22.

Unbedingt Kennzeichen, Name und Anschrift von Fahrern und Haltern der beteiligten Fahrzeuge sowie deren Versicherungsnummer notieren. Außerdem Namen von (möglichst neutralen) Unfallzeugen festhalten und die Unfallstelle fotografieren. Unterzeichnen Sie keine fremdsprachigen Schriftstücke, deren Inhalt Ihnen nicht verständlich ist. Lassen Sie sich bei

Problemen am besten vom ADAC beraten (Tel. 0800/5101112).
Ihre **Schadensersatzansprüche** können Sie entweder bei der gegnerischen Versicherung in Portugal oder über einen Regulierungsbeauftragten der portugiesischen Haftpflichtversicherung in Deutschland geltend machen, der Ihnen über den Zentralruf der Autoversicherer vermittelt wird.

Zentralruf der Autoversicherer Auskunftsstelle/GDV
■ Glockengießerwall 1, 20095 Hamburg, Tel. 0800/2502600, +49/40300 03300, www.gdv-dl.de

Barrierefreies Reisen

Aufgrund des Reliefs ist Madeira auf Touristen mit Mobilitätseinschränkungen schlecht eingestellt. Auf Porto Santo ist die Situation besser. Die meisten öffentlichen Einrichtungen bieten jedoch Rampen oder Aufzüge sowie barrierefreie Sanitäranlagen. Einige Hotels in Funchal und auf Porto Santo haben barrierefreie Zimmer. Die »Gemeinnützige Gesellschaft des Bundesverbandes Selbsthilfe Köperbehinderter e.V.« bietet barrierefreie Reisen (www.bsk-reisen.org).
Buchungen von barrierefreien Hotels und Ferienwohnungen sind z. B. über www.runa-reisen.de oder www.traumferienwohnungen.de möglich.

Diplomatische Vertretungen

Die Auslandsvertretungen Ihres Heimatlandes helfen Ihnen, wenn Sie Reisedokumente verloren haben, oder vermitteln, falls es zu Problemen mit portugiesischen Behörden kommen sollte.

Deutsche Botschaft
■ Campo dos Mártires da Pátria 38, 1169-043 Lisboa, Tel. 218810210, www.lissabon.diplo.de

Deutsches Honorarkonsulat
■ Rua do Amparo 26, 9000-774 Funchal, Tel. 291707 2280, funchal@hk-diplo.de

Österreichisches Honorarkonsulat
■ Miltones-Viagens, Rua Imperatriz D. Amelia, Edificio Princesa, Loja 0/4, 9000-018 Funchal, Tel. 291098770, hkonsulatfunchal@hotmail.com

Schweizerische Botschaft
■ Travessa do Jardim 17, 1350-185 Lisboa, Tel. 213944090, www.eda.admin.ch/lisbon

Feiertage

1. Januar (Neujahr), 25. April (Nationalfeiertag), Karfreitag, Ostersonntag, 1. Mai (Tag der Arbeit), 10. Juni (Nationalfeiertag), Fronleichnam, 15. August (Mariä Himmelfahrt), 5. Oktober (Nationalfeiertag), 1. November (Allerheiligen), 1. Dezember (Nationalfeiertag), 8. Dezember (Mariä Empfängnis), 25. Dezember (Weihnachten). Der Karnevalsdienstag ist kein offizieller Feiertag, dennoch bleiben Geschäfte und Büros meist geschlossen. Jede Gemeinde weist außerdem einen örtlichen Feiertag aus.

Geld und Währung

Portugal gehört der Eurozone an. **Bankautomaten** (fragen Sie nach einem Multibanco-Automaten) für Kreditkarten und Debitkarten (»EC-Karten«), die auch in deutscher Sprache zu bedienen sind, stehen bei jeder Bankfiliale, in vielen Hotels und Ein-

Festivals und Events

Februar

Carnaval (Karneval) – Der Karneval beginnt am Mittwoch vor Altweiberfasching. Umzüge und Straßenfastnacht finden vorwiegend in Funchal statt (S. 32).

März/April

Karwoche – In der Karwoche sind vereinzelt Prozessionen zu sehen. In den Straßen werden Palmzweige verkauft, um sie in der Kathedrale von Funchal segnen zu lassen.

April/Mai

Festa da Flor (www.visitmadeira.pt) – Das Blumenfest wird vor allem in Funchal groß gefeiert. Es wird meist ein bis zwei Wochen nach Ostern zelebriert. Auf Madeira sind Straßen mit Blumen geschmückt.

Karfreitagsprozession in Funchal

Madeira Island Ultra-Trail (www.madeiraultratrail.com) – Meist Ende April findet ein großes Rennen über ganz Madeira statt. Die Läufer benutzen zum Teil die offiziellen Wanderwege. Im Vorfeld werden die Wege im Gebirge gut gesichert.

Juni

Festival do Atlântico (www..visitmadeira.pt) – Den ganzen Juni über laufen anspruchsvolle Kulturveranstaltungen, wie klassische Konzerte oder Darbietungen der vielen Folkloregruppen der Insel. Jeden Samstag wird im Hafen von Funchal ein Feuerwerk gezündet.

Juli

Funchal Jazz Festival (www.funchaljazzfestival.org) – An einem Wochenende, meist Anfang Juli, treten im Parque Santa Catarina renommierte Jazzmusiker auf.

Rali Vinho Madeira – Das Straßenrennen findet schon seit 1959 meist Ende Juli statt. Es kann zu Straßensperren kommen.

August

Romeria Nossa Senhora do Monte – Zu Mariä Himmelfahrt wird in Monte ein großes Fest mit Prozession veranstaltet.

September

Festa do Vinho – Das Madeiraweinfest beginnt Ende August und zieht sich bis in den September. Hauptveranstaltungsorte mit Folkloredarbietungen und Probierständen sind Funchal und Câmara de Lobos.

Dezember/Januar

Natal – Der 25. Dezember ist der wichtigste Feiertag. Öffentliche Verkehrsmittel fahren nicht.

Fim do Ano – Das Feuerwerk und die Straßenbeleuchtung in Funchal ziehen zahlreiche Besucher an.

kaufszentren. Große Geschäfte, Hotels, Restaurants, Tankstellen und Autovermietungen akzeptieren Kredit- und EC-Karten. Für den Umtausch Schweizer Franken kommen Banken (geöffnet meist Mo–Fr 8.30–15 Uhr) und Wechselstuben infrage.

Kosten im Urlaub
(durchschnittliches Preisniveau)

Tasse Kaffee	1,50 €
Softdrink (Limonade)	1,50 €
Glas Bier (0,3 l)	1,50 €
Glas Wein (0,2 l)	4 €
Hauptgericht (Restaurant)	12 €
Eintritt staatl. Museum	2 €
Mietwagen/Tag	25 €

Portugal ist ein verhältnismäßig preisgünstiges Urlaubsland. Die **Preise** in Hotels und Restaurants, für Mietwagen, Busse und Taxis liegen eher unter denjenigen in Deutschland. Viele Lebensmittel wie Fleisch, Fisch oder Gemüse sind im Supermarkt billiger zu haben. Importierte Waren können hingegen teurer sein.
Im Innenteil des Reiseführers finden Sie einige ADAC Spar-Tipps für Ihren Madeira-Urlaub.

Gesundheit

Das staatliche Gesundheitssystem bietet eine Basisversorgung. Jede Gemeinde verfügt über ein **Gesundheitszentrum** (»centro de saúde«, www.sesaram.pt), in dem einer oder mehrere Ärzte praktizieren. Das öffentliche **Krankenhaus** in Funchal hat eine Notaufnahme (Hospital Dr. Nélio Mendoça, Av. Luis Camões, Tel. 291 70 56 00).

Auf Porto Santo wendet man sich bei gesundheitlichen Problemen an das Centro de Saúde Dr. Francisco Rodrigues Jardim (Rua Dr. José Diamantino Lima 4, Vila Baleira, Tel. 291 98 00 60). Bei Vorlage einer Europäischen Krankenversicherungskarte (i. A. in die nationale Gesundheitskarte integriert) haben EU-Bürger und Schweizer Anspruch auf die gleichen Leistungen wie Portugiesen.
In komplizierten Fällen wird oft die Verlegung in eine **Privatklinik** nahegelegt. Die deutlich höheren Kosten dafür übernimmt die gesetzliche Krankenversicherung nicht unbedingt. Wir empfehlen daher für den Zeitraum der Reise den Abschluss einer privaten **Auslandskrankenversicherung**. Lassen Sie sich im Falle eines Falles stets eine detaillierte Rechnung zur Vorlage bei der Versicherung ausstellen.
Ärzte und Gesundheitspersonal sprechen meist Englisch. Auch einige deutsche Ärzte praktizieren auf Madeira. Kontaktdaten sind über Hotelrezeptionen zu bekommen.
Portugiesische **Apotheken** haben meist Mo–Fr 9–13, 15–19 und Sa 9–13 Uhr geöffnet. 24-Stunden-Apotheken und solche mit Notdienst stehen unter www.farmaciasdeservico.net.
Rufnummern für Notfälle siehe S. 129.

Haustiere

Wer mit einem Haustier (Hund oder Katze) Grenzen innerhalb der EU übertritt, benötigt einen EU-Heimtierausweis, der von autorisierten Tierärzten ausgestellt wird. Darin müssen eine gültige Tollwutimpfung (Erstimpfung mindestens 21 Tage vor Grenzübertritt) und die Daten der Markierung eingetragen sein.

Für Tiere, die ab dem 3.7.2011 erstmals gekennzeichnet wurden, ist ein Mikrochip Pflicht. Bei vor diesem Stichtag markierten Tieren genügt eine Tätowierung, die gut erkennbar sein muss.

Information

Für offizielle touristische Informationen über Madeira und Porto Santo ist die Direção Regional do Turismo in Funchal zuständig. Ihre auch auf Deutsch verfügbare Internetseite lässt kaum Fragen offen.

Direção Regional do Turismo

■ Avenida Arriaga 18, 9004-519 Funchal, Tel. 291 21 19 00, www.visitmadeira.pt und www.visitportosanto.pt

Auskünfte über ganz Portugal erteilt die Website des Touristikamts **Turismo de Portugal** (www.visitportugal.com). Dort können Sie zudem Broschüren herunterladen und über ein Online-Kontaktformular Fragen in deutscher Sprache stellen.
In einigen Orten gibt es einen **Posto de Turismo** (Touristeninformation). Die Adressen der wichtigsten Büros finden Sie jeweils zu Beginn der Ortsbeschreibung in diesem Reiseführer.

Klima und beste Reisezeit

Auf Madeira herrschen das ganze Jahr über angenehme **Temperaturen**. Selbst im Sommer ist es nicht zu heiß. Die mittleren Tagestemperaturen liegen im Hochsommer an der Küste bei ca. 25 °C. In der Nacht kühlt es nur unwesentlich auf ca. 20 °C ab. Die regenreiche Zeit liegt zwischen Oktober und April. Selbst dann betragen die Tagestemperaturen in Funchal knapp 20 °C. Nachts wird es an der Küste selten unter 14 °C kalt. Auf **Porto Santo** ist es im Allgemeinen etwas wärmer und die Niederschlagsmengen sind geringer.

Klimatabelle Madeira

Monat	Luft (°C) min./max.	Sonne (h/Tag)	Regentage	Wasser °C
Jan.	13/18	5	7	18
Feb.	13/18	6	6	17
März	13/19	6	7	17
April	14/19	7	4	17
Mai	15/20	8	2	18
Juni	17/22	6	1	20
Juli	19/23	8	0	21
Aug.	19/24	8	1	22
Sept.	19/25	7	2	23
Okt.	18/23	6	7	22
Nov.	16/21	5	7	20
Dez.	14/19	5	7	19

Die Temperaturen und Niederschlagswerte sind auf Madeira abhängig von der **Höhe und geografischen Lage**. Pro hundert Höhenmeter wird es ca. 0,5 bis 1 °C kühler. In den Gipfelregionen fällt bis zu fünfmal mehr Niederschlag als an der Küste. Von Januar bis April ist in Lagen ab 1300 m Schneefall möglich. Im zeitigen Frühjahr können bei einem Tagesausflug alle Jahreszeiten in kürzester Zeit erlebt werden: Hochsommer in Funchal, ausgeglichener Frühling in mittleren Lagen, nebliger Herbst an den Hängen der Nordseite und klirrender Winter in den Gipfelregionen.
Der Norden ist bei normaler Wetterlage um einige Grad kühler als der

Süden, und die Niederschlagswerte sind höher. Der Südosten ist trockener, bekommt aber dafür mehr Wind ab. Von Funchal bis Ponta do Sol ist es in der Regel schwüler.

Wer flexibel ist, kann je nach **Windrichtung** sein Tagesprogramm anpassen. Wind aus Nordost ist der Normalfall. Wolken bilden sich ab ca. 800 Höhenmeter auf der Nordseite, teils ist auch leichter Nieselregen möglich; die südlichen Gefilde sind dann sonnig und warm. Wind aus Nordwest bringt kalten Niederschlag über die Insel. Der Nord- und Südosten ist dann meist trocken und sonnig. Regenfronten mit ergiebigen Niederschlägen kommen meist aus Südwest. Nordosten und Osten bleiben oft verschont. Wind aus Ost-Südost (»Leste«) bringt Wärme und Trockenheit über die ganze Insel.

Auf **Porto Santo** ist der Unterschied zwischen Nord, Süd, Ost und West weniger ausgeprägt.

Die **Wassertemperaturen** um den Archipel sind im September mit ca. 23 °C am höchsten, von Februar bis April mit ca. 17 °C am niedrigsten.

Die erforderliche Kleidung ist sehr von Jahreszeit und Vorhaben abhängig. Zur Sicherheit sollte man – außer im Hochsommer – Kleidung mitnehmen, wie sie in einem mitteleuropäischen Herbst benötigt wird.

Die **Hochsaison** ist auf Madeira von Ostern bis Pfingsten, auf Porto Santo im Sommer. Auf Madeira hingegen ist im Sommer oft weniger los, obwohl die meisten Einheimischen dann Urlaub haben, aber Mitteleuropäer meiden Madeira in der heißen Jahreszeit eher. Dafür steigen die Touristenzahlen um Weihnachten und Silvester, wenn das Feuerwerk in Funchal zahlreiche Besucher anlockt.

Medien

Deutsche Tageszeitungen und Zeitschriften sind in Funchal und einigen Orten mit einem Tag Verspätung am Kiosk erhältlich.

Nachtleben

Ein nennenswertes Nachtleben findet ganzjährig nur in Funchal statt. Im Sommer gibt es am Strand von Porto Santo oft Partys. Adressen und Ausgehmöglichkeiten finden Sie in diesem Reiseführer bei den einzelnen Ortsbeschreibungen.

Notfall

Wählen Sie in Notfällen immer die gebührenfreie europäische **Notfallnummer 112**. Unter dieser Nummer erhalten Sie Hilfe von der Polizei oder der Feuerwehr sowie in medizinischen Notfällen (Rettungswagen, Notarzt).

ADAC Mitglieder können sich in Notfällen auch rund um die Uhr an den **ADAC Ambulanzdienst** unter der Tel. +49/89/76 76 76 wenden. Bei Bedarf werden auch Dolmetscher vermittelt. In vielen öffentlichen Gebäuden und Einrichtungen befinden sich **Defibrillatoren**, die schon beim ersten Auftreten Herzrhythmusstörungen beenden können. Sie sind wie bei uns durch das Wort Defibrillator gekennzeichnet und zur Anwendung durch medizinische Laien vorgesehen.

Öffnungszeiten

Geschäfte sind meist Mo–Fr 9–13, 15–19 und Sa 9–13 Uhr offen. Einkaufszentren und größere Supermärkte öffnen täglich (auch sonntags) etwa von 9 bis

21 Uhr. In kleineren, ländlichen Ortschaften werden die Öffnungszeiten oft auf den Samstagnachmittag und Sonntagvormittag ausgedehnt.
Öffnungszeiten von Banken siehe S. 127, Post siehe unten.

Post

Postfilialen haben meist Mo–Fr 9–18 Uhr geöffnet, manchmal am Samstagvormittag. Briefmarken sind außerdem an Automaten vor den Postämtern sowie in Souvenirläden mit CTT-Schild an der Tür erhältlich, in Letzteren meist gegen Aufpreis. Das reguläre **Porto** für eine Standard-Postkarte oder einen Standard-Brief (bis 20 g) in alle Länder Mitteleuropas beträgt 0,80 €. Unterwegs sind sie im Schnitt vier bis sieben Tage, im Einzelfall kann es länger dauern. Der hohe Aufpreis für Schnellpost (»correio azul«) lohnt jedoch in der Regel nicht.

Rauchen und Alkohol

In Portugal ist das **Rauchen** in öffentlichen Bereichen wie Flughäfen, Bahnhöfen, Einkaufszentren und Hotelhallen verboten. Am Flughafen von Madeira kann auf einer Außenterrasse geraucht werden. Gastronomiebetriebe sind rauchfrei: Es gibt auf Madeira und Porto Santo kein einziges Restaurant, in dem geraucht werden darf. Nur draußen und auf Terrassen ist es erlaubt. Das Rauchen in Autos, in denen Kinder mitfahren, ist verboten. Die Regelungen gelten auch für E-Zigaretten. Hotels dürfen zwar noch Raucherzimmer ausweisen, diese sind aber nur in begrenzter Zahl verfügbar. Erlaubt ist das Rauchen aber auf dem Balkon des Hotelzimmers.

Alkohol darf an Kinder und Jugendliche unter 18 Jahren in Geschäften und Lokalen grundsätzlich nicht abgegeben werden. Dies gilt auch für Bier oder Wein. Nach wie vor dürfen Erwachsene Alkohol im öffentlichen Raum konsumieren. Ein Verbot des Alkoholkonsums auf Straßen, Plätzen und in Parkanlagen während der Nachtstunden etwa ab 2 Uhr ist im Gespräch.

Sicherheit

Madeira und Porto Santo sind sichere Reiseziele. Selbst in Funchal ist die Gefahr, bestohlen zu werden, gering. Je nach Besucherandrang versuchen Taschendiebe ihr Glück. Wertsachen und wichtige Dokumente sind daher am besten im Hotelsafe aufgehoben.
In den Randbezirken, wo nur wenige Touristen verkehren, kann es gelegentlich zu alkoholbedingten Pöbeleien kommen. Das gilt auch für die Levadas am Stadtrand von Funchal und bei Dunkelheit in Câmara de Lobos.
Diebstähle jeder Art sollten Sie bei der örtlichen Polizeiwache anzeigen. Wählen Sie in Notfällen die gebührenfreie europäische **Notrufnummer 112**. Umfassende Informationen zur Sicherheit in Portugal finden Sie auf der Internetseite des Auswärtigen Amtes (www.auswaertiges-amt.de).

Souvenirs

Blumen, Blumenzwiebeln, Setzlinge und Samen sind in fast allen Souvenirgeschäften, Supermärkten und besonders in der Markthalle von Funchal zu bekommen.
Azulejos (Kachelbilder) finden Sie in Werkzeugläden und Baumärkten an den Ortsrändern, ebenso die **Tonfigu-**

Der Golfplatz von Porto Santo umfasst Seen und Klippen

ren, die die Dachenden der traditionellen Häuser zieren.

Heimische **Korbwaren** werden in Camacha hergestellt und verkauft. Eine große Auswahl bekommt man auch in der Markthalle von Funchal.

Allgegenwärtig ist der **Bolo de Mel**, ein fester Kuchen, der mit Zuckerrohrmelasse gesüßt ist. Er hält sich mehrere Monate. Eine gute Einkaufsadresse für die Produkte aus Zuckerrohr ist die Zuckerrohrfabrik in Calheta (S. 82) oder Porto da Cruz (S. 60).

Aus der heimischen **Aloe vera** werden Cremes, Shampoos, Duschmittel und das pure Gel hergestellt. Den Hauptvertrieb übernimmt die Supermarktkette Pingo Doce, aber auch zahlreiche Souvenirshops bieten die Produkte von Alvedama (www.alvedama.com) an.

Einheimische **Stickereiwaren** sind in zahlreichen Geschäften und Manufakturen in Funchal erhältlich. Die echte Madeirastickerei ist Handarbeit.

Portugiesisches **Olivenöl** wird auf Madeira zwar nicht hergestellt, in jedem Supermarkt sind jedoch alle Kategorien von Ölen zu bekommen.

Sport

Canyoning

Der Sport erfreut sich auf Madeira immer größerer Beliebtheit. Bei den meisten Reiseagenturen auf der Insel können Ausflüge in die steilen Täler gebucht werden. In Funchal und Caniço de Baixo haben sich Veranstalter darauf spezialisiert. Die genauen Kontaktdaten finden sich bei den Ortsbeschreibungen.

Golf

Golfplätze liegen auf Madeira bei Santo da Serra (Clube de Golf Santo da Serra) und bei Funchal (Palheiro Golf). Auf Porto Santo gibt es südwestlich der Hauptstadt einen Golfplatz.

Motorradtouren

Mit seinen engen und steilen Straßen ist Madeira ein Paradies für Motorradfahrer. Gut gewartete Motorräder vermietet Magoscar in Caniço de Baixo (Rua Dom Francisco Santana, Edificio Ventur, Loja E, Caniço de Baixo, Tel. 291 934818, www.magoscar.com).

Mountainbiketouren

Viele Pisten, Erdwege und Levadas lassen sich per Fahrrad erkunden. Geführte Touren oder nur Verleih von hochwertigen Rädern bietet Albano Aktiv in Caniço de Baixo (S. 46).

Surfen

Windsurfer finden auf Porto Santo gute Bedingungen, während Wellenreiter sich in der starken Brandung auf Madeira wohlfühlen. Eine Wellenreitschule befindet sich auf Madeira in Porto da Cruz (S. 61).

Tauchen

Die Küste von Madeira fällt steil ins Meer und steht zum großen Teil unter Naturschutz. In Funchal und Caniço bieten deutschsprachige Tauchschulen Kurse und Ausfahrten.

Wandern

Sowohl auf Madeira als auch auf Porto Santo gibt es ausgewiesene **Wanderwege**. Sie sind vielseitig, von leichten Spaziergängen bis zur anspruchsvollen Gebirgstour ist alles dabei. Eine Besonderheit sind die Levada-Wanderungen entlang der Wasserkanäle ohne nennenswerte Steigung oder Touren im Lorbeerwald (UNESCO-Welterbe). Auf www.visitmadeira.pt sind alle offiziell empfohlenen kürzeren, nummerierten Wege aufgeführt. Übersichtskarten und Kurzbeschreibungen können heruntergeladen werden. Meist handelt es sich dabei um Streckenwanderungen, sodass Sie auf demselben Weg wieder zurück müssen, oder Sie fahren mit dem Bus oder Taxi. Fast alle Agenturen auf der Insel bieten **geführte Wanderungen** und Wandertransfers an. Kontaktdaten finden sich in den Ortsbeschreibungen.

Strom und Steckdose

Das portugiesische Stromnetz wird wie in Deutschland mit 230 Volt betrieben. In die Steckdosen passen problemlos die üblichen Euro- und Schuko-Stecker. Die Steckdosen sind vom Typ C und F.

Telefon und Internet

Alle portugiesischen **Telefonnummern** bestehen aus neun Ziffern. Ortsvorwahlen gibt es nicht.
Seit die Roaminggebühren für Mobiltelefonate innerhalb der EU abgeschafft wurden, telefonieren deutsche und österreichische Handykunden in Portugal zu denselben Konditionen wie zu Hause. Das Gleiche gilt auch für das mobile Internet.
Das **Mobilfunknetz** auf Madeira und Porto Santo ist sehr gut ausgebaut. Lediglich in abgelegenen, engen Tälern können Funklöcher auftreten.
Für Handykunden aus der Schweiz fallen nach wie vor Roaminggebühren an. Die Telefongebühren von Hotels sind meist sehr hoch.

Internationale Vorwahlen

- Portugal 00351
- Deutschland 0049
- Österreich 0043
- Schweiz 0041

WLAN heißt in Portugal WiFi. Es wird in vielen Hotels, Ferienwohnungen und Ferienhäusern gratis angeboten.

Kostenlose Hotspots finden sich am Flughafen von Madeira sowie in vielen Einkaufszentren, Restaurants und Cafés. Der Flughafenbus (Aerobus) und die Schnellbuslinien zwischen Machico und Funchal stellen ebenfalls freies WLAN zur Verfügung.

Trinkgeld

Bei Rechnungen im Restaurant oder Hotel ist das Trinkgeld inkludiert. Dennoch ist es üblich, bei Zufriedenheit ein zusätzliches Trinkgeld zu geben. Man lässt sich zunächst das gesamte Wechselgeld auf einem Tellerchen zurückgeben, auf dem man bei Verlassen des Lokals einige Münzen liegen lässt.

Umgangsformen

Die Portugiesen sind im Umgang mit Fremden eher zurückhaltend. Hat man nähere Bekanntschaft geschlossen, ist es bei Frauen untereinander sowie zwischen Männern und Frauen üblich, sich mit angedeuteten Küsschen auf die linke und rechte Wange zu begrüßen. Während in der Geschäftswelt und bei feierlichen Anlässen formelle Kleidung üblich ist, kleiden sich die Einheimischen in der Freizeit durchaus leger. Kurze Hosen sind bei Männern ab dem mittleren Alter jedoch selten.
Nacktbaden ist in Portugal verboten. Einheimische Frauen baden auch nicht »oben ohne«.

Unterkunft und Hotels

Ausführliche Informationen zum Hotelangebot in den einzelnen Regionen mit Preiskategorien finden Sie am Ende jedes Kapitels auf S. 56, S. 73, S. 90, S. 107 und S. 120.

Camping

Stellplätze für Wohnmobile gibt es auf **Madeira** keine. Ein Zeltplatz befindet sich in Ribeira da Janela an der Mündung des gleichnamigen Flusses. Er ist allerdings in unmittelbarer Nähe eines Wasserkraftwerks angesiedelt, sodass die Turbinengeräusche den Schlaf stören könnten.
Auf **Porto Santo** liegt der Campingplatz am südwestlichen Ortsrand von Vila Baleira direkt am Strand. Er bietet Stellplätze für Wohnwagen, Wohnmobile und Zelte.

Ferienwohnungen

Ferienwohnungen und Ferienhäuser erfreuen sich auf **Madeira** immer größerer Beliebtheit. Sie verteilen sich über die ganze Insel, wobei die meisten sich im Südwesten befinden. Sie gehören entweder zu Apartmentanlagen (»apartamentos turísticos«), oder es handelt sich um individuellere Privathäuser und -wohnungen, die als »alojamento local« klassifiziert sind. Von privaten Anbietern können Sie auch ganze Bauernhäuser mieten, die sich meist in ruhiger Dorflage befinden. Die Preise schwanken stark je nach Saison. Einfache Ferienwohnungen gibt es ab 40 € pro Tag.
Im Internet können Ferienhäuser und -wohnungen z. B. über www.booking.com, www.casamundo.de, www.fewo-direkt.de oder www.airbnb.de gebucht werden. Eine Auswahl auf Madeira bietet www.madeira-ferienhaus.de. Die deutsche Agentur RMK ist auf Ferienhäuser im ländlichen Westen spezialisiert (www.madeira-rmktours.com).
Auf **Porto Santo** gibt es nur wenige einzelne Ferienhäuser. Apartments mit Kochgelegenheit sind in der Regel Teil eines Hotels.

Hotels

In den Katalogen der Reiseveranstalter finden sich überwiegend die gehobenen bis luxuriösen Häuser der Vier- und Fünf-Sterne-Kategorie, manchmal auch einfachere Drei-Sterne-Mittelklassehotels. Die früheren Pensionen werden in Portugal jetzt als Hotels, meist mit einem oder zwei Sternen, klassifiziert. Ihr Standard ist eher schlicht, manchmal gibt es nur ein Gemeinschaftsbad.

Die Hotelklassifizierung nach Sternen kann in Portugal mit wenigen Abstrichen mit der in Deutschland verglichen werden.

Jugendherbergen

In der Region Madeira stehen Jugendherbergen (»pousadas de juventude«) in Calheta, Funchal, Porto Moniz, Santana und Vila Baleira (Porto Santo) zur Verfügung. Voraussetzung ist ein gültiger Jugendherbergsausweis, den man (unabhängig vom Alter) in jeder Herberge erwerben kann. Übernachtungen sind in Mehrbettzimmern (10–18 € p. P.) oder Doppelzimmern (30–52 €), z.T. auch in Familienzimmern und Apartments, möglich.

Ländliche Quartiere

Auf Madeira wurden Gutshäuser (»quintas«) in komfortable Landhaushotels (»turismo rural«) mit geschmackvoll und individuell eingerichteten Zimmern verwandelt. Infos unter www.visitmadeira.pt.

Verkehrsmittel im Land

Bus

Auf Madeira bedienen vier Busgesellschaften unterschiedliche Teile der Insel. In **Funchal** verkehren Stadtbusse der Gesellschaft Horários do Funchal. Sie sind gelb mit einem weißen Streifen und fahren durch das ganze Stadtgebiet. Die drei Linien der »Linha Eco« beschränken sich auf den inneren Stadtzirkel (Fahrpläne unter www.horariosdofunchal.pt). Die Haltestellen sind in der ganzen Stadt verteilt.

Camacha, **Curral das Freiras**, **Santo da Serra** und Teile der Nordostküste bis **Arco do São Jorge** werden von der Gesellschaft CCSG angefahren (Fahrpläne unter www.horariosdofunchal.pt, »Carreiras interurbanas«). Haltestelle für Fahrten nach Curral das Freiras ist vor der Festung São Lourenço an der Uferstraße. Für alle anderen Richtungen befindet sich die Haltestelle am östlichen Ende der Avenida do Mar.

Für das Gebiet um **Caniço** sind die rot-weiß-grauen Busse der Gesellschaft Empresa de Autocarros do Caniço, EACL, zuständig (Fahrpläne unter www.eacl.pt). Die zentrale Abfahrtsstelle in Funchal ist die Praça Dom Carlos I. an der Talstation der Seilbahn nach Monte.

Den **Inselosten** befahren Busse der Gesellschaft SAM, zu erkennen an ihrer grün-weißen Farbe (www.sam.pt). Große Busbahnhöfe befinden sich in Funchal und Machico. Haltestellen in Funchal liegen an der Avenida do Mar. Die SAM betreibt auch den **Aerobus**, der zwischen Funchal und dem Flughafen pendelt (S. 33).

Den kompletten **Westteil** der Insel deckt die Gesellschaft Rodoeste ab. Die neueren Busse sind weiß mit rot-goldenen Streifen, die älteren grünlich-beige mit rot-weißen Streifen (www.rodoeste.pt). Haltestellen in Funchal liegen an der Avenida do Mar.

Auf **Porto Santo** gibt es nur eine Busgesellschaft (S. 112).

Fähre

Die einzige reguläre Fähre auf dem Archipel ist die **Porto Santo Line**. Sie pendelt tgl. einmal zwischen Madeira und Porto Santo (www.portosantoline.pt). Die Preise für die Hin- und Rückfahrt liegen je nach Saison und Klasse zwischen 50 und 84 €. PKWs kosten zwischen 163 und 209 €, Elektroautos die Hälfte. Abfahrt ist in Funchal am Kreuzfahrtterminal. Die Abfahrtszeiten (morgens hin, abends zurück) lassen einen Tagesausflug zu.

Fahrrad

Das Fahrrad ist nur für sportliche Urlauber als reines Verkehrsmittel geeignet. Einige Vermieter haben auch E-Bikes im Angebot. Selbst in Funchal sind die Straßen so steil, dass sich der elektrische Hilfsmotor lohnt. Die öffentlichen Busse sind nicht dafür ausgestattet, Fahrräder zu transportieren.

Mietwagen

An den Flughäfen von Madeira und Porto Santo sind verschiedene Mietwagenfirmen präsent. Vorausbuchung über einen Reiseveranstalter oder via Internet empfiehlt sich. Auch in vielen Ferienorten lassen sich PKWs anmieten. Für Mitglieder bietet die **ADAC Autovermietung** günstige Konditionen an. Buchen kann man im Internet (adac.de/autovermietung), in allen ADAC Geschäftsstellen oder unter Tel. 089/76 76 20 99.

Seilbahn

Funchal ist mit Monte durch eine Seilbahn verbunden (www.madeiracablecar.com), siehe S. 27. Ebenso verläuft zwischen Monte und dem Botanischen Garten eine Seilbahn (www.telefericojardimbotanico.com), siehe S. 35. Die Küstenebenen von Fajã dos Padres (S. 76) und Achadas da Cruz (S. 94) sind auch über Gondelbahnen zu erreichen.

Taxi

Taxis sind gelb. Die Grundgebühr beträgt tagsüber unter der Woche 2 €, nachts, am Wochenende und an Feiertagen 2,40 €. Der Kilometer kostet 0,63 €. Die Mindestgebühr ist 4,50 €. Die Fahrer sind zuverlässig und ehrlich.

Zeitverschiebung

In Portugal gilt die **Westeuropäische Zeit** (WEZ). Die Umstellung auf Sommer- bzw. Winterzeit erfolgt zu denselben Terminen wie bei uns. Gegenüber Mitteleuropa ist die Uhr daher ganzjährig um eine Stunde zurückzustellen.

Zollbestimmungen

Bei Grenzübertritten innerhalb der **EU** sind Artikel für den persönlichen Bedarf zollfrei. Dazu zählen auch Tabakwaren und alkoholische Getränke. Beispiele für Richtmengen: 800 Zigaretten, 200 Zigarren, 10 l Spirituosen, Wein in unbegrenzter Menge (www.zoll.de, www.bmf.gv.at/zoll).

Bei Einreise in die **Schweiz** bleiben Waren (auch Tabak und Alkohol) im Gesamtwert bis 300 CHF zollfrei. Zusätzlich müssen Freimengen beachtet werden: Steuerfrei bleiben für Reisende ab 17 Jahren 250 Zigaretten oder Zigarren bzw. 250 g andere Tabakfabrikate, 5 l alkoholische Getränke bis 18 Vol.-% und 1 l alkoholische Getränke über 18 Vol.-% (www.ezv.admin.ch). Über die Kosten bei Überschreiten der erlaubten Menge informiert: www.ch.ch/de/einfuhr-waren-schweiz.

Die Geschichte des Madeira-Archipels

1418 João Gonçalves Zarco und Tristão Vaz Teixeira gehen in Porto Santo an Land.

1419 Madeira wird besiedelt.

1425 Erste Zuckerrohrplantagen werden im Bereich von Funchal angelegt.

1446 Porto Santo wird besiedelt. Lehnsherr ist Bartolomeu Perestrelo aus Lissabon.

1456 Die erste Zuckerlieferung verlässt Madeira.

1479 Christoph Kolumbus heiratet die Tochter von Bartolomeu Perestrelo und lebt einige Jahre auf Porto Santo, verdingt sich aber auf Madeira als Zuckerhändler.

1497 Unter König Manuel I. wird Funchal Hauptstadt von Madeira.

1513 Die Festung São Lourenço an der Uferstraße wird erbaut.

1514 Funchal wird Bischofssitz.

1521 König Manuel I. stirbt in Lissabon. João III. aus dem Hause Avis wird König von Portugal.

1530 Die Zuckerhändler bekommen Konkurrenz aus Amerika.

1580 Felipe II. von Spanien wird als Felipe I. portugiesischer König.

1640 João IV. aus dem Haus Braganza wird portugiesischer König. England unterstützt den portugiesischen Unabhängigkeitskrieg.

1688 Portugal wird unabhängig. Erste englische Weinhändler lassen sich auf Madeira nieder.

1703 England erlässt ein Weinembargo gegen Frankreich. Die Weinproduktion auf Madeira erlebt einen Aufschwung, an dem auch die Jesuiten beteiligt sind.

1760 Verbot des Jesuitenordens: Die Mönche müssen die Insel verlassen.

1801 Die Briten errichten auf Madeira einen Stützpunkt gegen das napoleonische Frankreich.

1852 Der Mehltau bringt den Weinanbau auf Madeira zum Erliegen. In der Folge steigt die Auswandererzahl.

1860 Kaiserin Elisabeth von Österreich verbringt ihren Urlaub auf Madeira.

1872 Die Reblaus zerstört große Teile der Rebstöcke.

1921 Der österreichische Kaiser Karl I. wird nach Madeira verbannt.

1932 António de Oliveira Salazar errichtet eine Diktatur in Portugal.

1974 Die Nelkenrevolution beendet die Diktatur in Portugal.

1986 Portugal wird Teil der EU.

1996 Auf Madeira beginnt ein umfassender Straßenbau.

2018/19 Auf Paúl da Serra wird ein Stausee gebaut.

2021 Die Schnellstraße von Calheta bis Ponta do Pargo wird eröffnet.

2022 Die Bananenproduktion erzielt mit knapp 23 000Tonnen einen historischen Rekord.

Seit dem 15. Jh. wird auf Madeira Zuckerrohr angepflanzt.

Portugiesisch für die Reise

Das Wichtigste in Kürze

Ja/Nein	*Sim/Não*
Bitte/Danke	*Por favor/Obrigado*
Hallo!/Auf Wiedersehen!	*Olá!/Adeus!*
Guten Morgen!/Guten Tag!	*Bom dia!/Boa tarde!*
Guten Abend!/Gute Nacht!	*Boa noite!*
Mein Name ist ...	*O meu nome é/Chamo-me ...*
Entschuldigung!	*Desculpe!*
Achtung!/Vorsicht!	*Atenção!/Cuidado!*
Ich verstehe Sie nicht.	*Não compreendo.*
Wie viel kostet das?	*Quanto custa (é) isso?*
Damen/Herren	*Senhoras/Homens*
geöffnet/geschlossen	*aberto/fechado*
gestern/heute/morgen	*ontem/hoje/amanhã*
Wie viel Uhr ist es?	*Que horas são?*
Wo ist ...?	*Onde é ...?*
Wie weit ist das?	*Qual é a distância?*
Ist das die Straße nach ...?	*Esta é a rua/estrada para ...?*
Nord/Süd/West/Ost	*Norte/Sul/Oeste/Este*
Ich möchte ...	*Queria ...*
Die Rechnung, bitte!	*A conta, por favor!*
Restaurant	*restaurante*
Auto	*carro*
Tankstelle	*posto de gasolina*
Super 95 Oktan/Diesel	*gasolina 95/gasóleo*
Panne	*avaria*
Hilfe!	*Socorro!*
Fahrrad	*bicicleta*
Bahnhof	*estação ferroviária*
Busbahnhof	*estação rodoviária*
Flughafen	*aeroporto*
Ausweis/Pass	*bilhete de identidade/passaporte*
Bank/Geldautomat	*banco/caixa multibanco*
Arzt	*médico*
Tourismusbüro	*posto de turismo*

Wochentage

Montag	*segunda-feira*
Dienstag	*terça-feira*
Mittwoch	*quarta-feira*
Donnerstag	*quinta-feira*
Freitag	*sexta-feira*
Samstag	*sábado*
Sonntag	*domingo*

Zahlen

1	*um, uma*	8	*oito*
2	*dois, duas*	9	*nove*
3	*três*	10	*dez*
4	*quatro*	11	*onze*
5	*cinco*	12	*doze*
6	*seis*	100	*cem*
7	*sete*	1000	*mil*

Hinweise zur Aussprache

ã, õ	werden nasal gesprochen, Bsp.: São
c	vor ›e‹, ›i‹ wie scharfes ›s‹, Bsp.: cerveja vor ›a‹ und ›o‹ wie ›k‹, Bsp.: faca
ch	wie ›sch‹, Bsp.: duche
ç	wie scharfes ›s‹, Bsp.: preço
ção	wie ›saong‹, Bsp.: estação
é	wie lang gezogenes ›äh‹, Bsp.: crédito
g	vor ›a‹, ›o‹ und ›u‹ wie ›g‹, Bsp.: gasolina vor ›e‹ und ›i‹ wie weiches ›g‹ (Rage), Bsp.: longe
h	am Wortanfang stumm
j	wie weiches ›g‹ (Rage), Bsp.: hoje
nh	wie lang gezogenes ›nj‹, Bsp.: dinheiro
o	am Wortende als kurzes ›u‹, Bsp.: zero
qu	vor ›e‹ und ›i‹ wie ›k‹, Bsp.: quero, quilo vor ›a‹ und ›o‹ wie ›kw‹, Bsp.: quarto
x	wie ›sch‹, Bsp.: queixa
z	wie ›sch‹ am Wortende, Bsp.: faz favor, sonst wie ›s‹, Bsp.: onze

Alle Blickpunkt-Themen in diesem Band:

Madeirawein von süß bis trocken ... 22
Manuelinik auf Madeira ... 25
Walfang »von Hand« ... 53
Weißes Gold – Zuckerrohranbau auf Madeira ... 61

Der Felsgarten im Frühjahr ... 55
Bananen fürs Festland ... 82
Schwarzer Degenfisch, eine madeirische Spezialität ... 87
Levadas – kleine Kanäle für durstige Felder ... 103
Weltnaturerbe Lorbeerwald ... 106
Bedrohte Robbe ... 118

Register

25 Fontes 104

A

Achadas da Cruz 94
Affenleiter 111
Alkohol 130
Aloe vera 131
Anreise 123
Arco de São Jorge 71
Auto 123

B

Balcões, Ribeiro Frio 63
Bananen 82
Barrierefreies Reisen 125
Berardo, José 36
Bica da Cana 102
Blandy's Wine Lodge, Funchal 23
Boa Morte 78
Boaventura 71
Boca da Encumeada 102
Bolo de Mel 131
Botanischer Garten 34

C

Cabo Girão 39
Cabo (Sítio do Cabo) 89
Calheta 82
Camacha (Madeira) 42
Camacha (Porto Santo) 116
Câmara de Lobos 38
Camping 133
Campo de Baixo 115
Caniçal 53
Caniço 45
Canyoning 131
Carreiros do Monte 36
Casa Colombo – Museu do Porto Santo, Vila Baleira 112
Casa das Mudas, Calheta 83
Casas de Colmo, Santana 67
Casino da Madeira, Funchal 31
Chão da Ribeira 99
Churchill, Winston 38
Cidade do Porto Santo 110
Companhia dos Engenhos do Norte, Porto da Cruz 60
Cristo Rei 47
Curral das Freiras 41

D

David, Paulo 83
de Freitas, Frederico 26
Diplomatische Vertretungen 125
Dos Passos, John 80

E

Einreise 123
Eira do Mourão 78
Eira do Serrado 42
Encumeada-Pass 102
Espigão 78
Estreito de Câmara de Lobos 39
Events 126

F

Fachos 52
Fähre 135
Fahrrad 135
Faial 62
Fajã da Ovelha 88
Fajã dos Padres, Quinta Grande 76
Fanal 105
Feiertage 125
Ferienwohnungen 133
Festa da Flor 32
Festival Colombo 114
Festivals 126
Flora 55
Flugzeug 123
Fonte da Areia 117

Fontes 78
Forellen 64
Foz da Ribeira da Janela 97
Funchal 16, 18
- Avenida Arriaga 22
- Blandy's Wine Lodge 23
- Câmara Municipal 25
- Casa-Museu Frederico de Freitas 26
- Igreja do Colégio 25
- Jardim Municipal 22
- Kathedrale 24
- Madeira Story Centre 27
- Mercado dos Lavradores 26
- Museu A Cidade do Açúcar 25
- Museu CR7 22
- Museu de Arte Sacra 25
- Museu do Brinquedo 31
- Núcleo de Dragoeiros das Neves 28
- Parque de Santa Catarina 22
- Quinta da Boa Vista 27
- Quinta das Cruzes 26
- Sé do Funchal 24
- Teleférico 27
- The Ritz Madeira 23

G

Garajau 47
Garton, Betty 27
Geld 125
Gesundheit 127
Golf 131
Grutas e Centro do Vulcanismo, São Vicente 100

H

Haustiere 127
Hotels 133, 134

I

Igreja do Colégio, Funchal 25
Igreja Senhor Bom Jesús, Ponta Delgada 72
Ilhas Desertas 108, 119
Information 128
Internet 132

J

Jardim Botânico da Madeira 34
Jardim do Mar 86
Jardim Tropical Monte Palace, Monte 35
Jugendherbergen 134

K

Karl I. von Österreich 36
Kathedrale, Funchal 24
Klima 128
Kolumbus, Christoph 111, 112
Korbflechterei 42

L

Landhaushotels 134
Levada da Ribeira da Janela 95
Levada das 25 Fontes 104
Levada da Serra do Faial 43
Levada do Moinho 81
Levada do Norte 78
Levada do Risco 104
Levadas 103
Lorbeerwald 106
Lugar de Baixo 78

M

Machico 48
- Capela do Senhor dos Milagres 49
- Forte de Nossa Senhora do Amparo 50
- Igreja de Nossa Senhora da Conceição 49
- Miradouro Francisco Álvares de Nóbrega 50
- Solar do Ribeirinho 50
Madalena do Mar 81
Madeira-Sturmvogel 66
Madeirawein 22
Manuel I. 24, 25, 49, 77, 79
Manuelinik 25, 77
Medien 129
Mercado dos Lavradores, Funchal 26
Mietwagen 135
Miradouro da Portela 53
Miradouro Ninho da Manta, Pico do Arieiro 65
Mittelmeermönchsrobbe 118
Monte 35
Motorradtouren 131
Mountainbike 132
Museu CR7, Funchal 22
Museu da Baleia, Caniçal 54

N

Nachtleben 129
Nonnental 41
Notfall 129

O

Öffnungszeiten 129

P

Palheiro Gardens 37
Paragliding 84
Parken 124
Parque Temático da Madeira 68
Paúl da Serra 92
Paúl do Mar 87
Pico do Arieiro 65
Pico do Castelo 115
Pico do Facho 52
Pico Ruivo (de Santana) 69
Piscinas Naturais, Porto Moniz 96
Poncha 61
Ponta Delgada 72
Ponta de São Lourenço 54
Ponta do Pargo 89
Ponta do Sol 79
Portela-Pass 53
Porto da Cruz 60
Porto Moniz 95
Porto Santo 108
Post 130
Praia das Salemas, Porto Santo 116
Praia do Porto Santo, Vila Baleira 111
Prazeres 85

Q

Queimadas 68
Quinta Grande 76
Quinta Pedagógica, Prazeres 85

R

Rabaçal 102
Rauchen 130
Reisekosten 127

Reisezeit 128
Ribeira Brava 76
Ribeira-Brava-Tal 78
Ribeira da Janela 97
Ribeiro Frio 63
Ronaldo, Cristiano 22
Roseiral da Quinta do Arco, Arco de São Jorge 71
Rosen 71

S

Santa Cruz 47
Santa Maria de Colombo 32
Santa Maria Madalena 95
Santana 67
Santo António da Serra 44
São Jorge 70
São Roque do Faial 62
São Vicente 99
Schwarzer Degenfisch 87
Sé do Funchal 24
Seilbahnen 94,135
Seixal 98
Serra de Dentro 117
Serra de Fora 117
Sicherheit 123, 130
Sítio do Cabo 89
Souvenirs 130
Sport 33, 46, 61, 84, 115, 131
Straßenverkehr 123
Surfen 132

T

Tanken 124
Tauchen 132
Taxi 135
Teleférico das Achadas da Cruz 94
Teleférico, Funchal–Monte 27
Telefon 132
Tempolimits 123
Tonfiguren 85
Trinkgeld 133

U

Übernachten 56, 73, 90, 107, 120
Umgangsformen 133
Unfall 124
Unterkunft 133

V

Verkehrsmittel im Land 134
Verkehrsvorschriften 124
Véu da Noiva, Seixal 98
Vila Baleira 110
– Cais Velho 111
– Casa Colombo – Museu do Porto Santo 112
– Casa da Câmara 112
– Igreja da Nossa Senhora da Piedade 112
– Praia do Porto Santo 111
Vorwahlen 132
Vulkanhöhle 100

W

Währung 125
Walfang 53
Wandern 46, 55, 64, 66, 69, 86, 95, 102, 106, 116, 132
Weihnachten 33
WLAN 132

Z

Zeitverschiebung 135
Zollbestimmungen 135
Zuckerrohr 82
Zuckerrohranbau 61
Zuckerrohrschnaps 61

Bildnachweis
Titel: Ponta de São Lourenço
Foto: **Huber Images** (Luca Da Ros)
Rücktitel: links: **Seasons Agency** (W. Schmitz/Jalag); rechts: **stock.adobe.com** (Balate Dorin)

Alamy Stock Photo: J. Wlodarczyk 37; T. Wright 75.1; Panther Media GmbH 117 – **AWL-images:** M. Abreu 59.1 – **Fotolia:** saiko3p 38 – **Huber Images:** G. Gräfenhain 14/15, 70, 86; S. Wasek 23; L. Debelkova 60, 79 – **Joachim Wesler:** 91 – **mauritius images:** International Photobank/Alamy 11.1; M. Runkel 24; islandspics/Alamy 26; M. Bilbao Gorostiaga-Travels/Alamy 27; P. Shawcross / Alamy 28; J. Wlodarczyk/Alamy 93.1; imageBROKER/M. Moxter 94; nature picture library/Sá/Wild Wonders of Europe 118; Photo 12/Alamy 136 – **Christoph Moning:** CC BY 4.0 3.1 – **Plainpicture:** 2 –**Seasons Agency:** W. Schmitz/Jalag 6/7, 7.1, 8, 11.2, 12.1, 18/19, 32, 83, 108, 126, 131 – **Shutterstock.com:** P. Krzeslak 2/3; V. Sonnek 3.2; C. Castro 7.2; T. Barrat 9; K. Kozlowski 11.3; O. Chiorescu 12.2; Anna Lurye 12.3; Malbert 17; T.W. van Urk 31; P. Kazmierczak 35; Pack-Shot 43; A Lurye 44; Sergey Le 47; S. Bernsmann 48/49; DaLiu 51; aldorado 52, 103; N. Alexander 63, 93.3; saiko3p 65; L. Janyst 66; N. Billington 69; Tony Craddock 75.2; T. Popova 76, 93.2; Dziewul 80, 104; S. Dzyuba 88; I. Vagnerova 96; A. Zharava 98; Vlada Photo 99; Evannovostro 110/111; Sopotnicki 144 – **stock.adobe.com** Yvann K 10.1; KittyKat 40; MM 114 – **www.galoresort.com:** 57

Markenlizenz der ADAC Medien und Reise GmbH, München

ISBN 978-3-98645-097-7

2. Auflage Dezember 2025

Autor: Oliver Breda
Redaktion: Juliane Helf, Susanne Kronester-Ritter
Lektorat und Satz: Jessika Zollickhofer, Thomas Rach, www.bintang-berlin.de
Bildredaktion: Dr. Nafsika Mylona
Reihengestaltung: Eva Stadler, München; Independent Medien Design, Horst Moser, München
Kartografie: Huber Kartographie GmbH, www.kartographie.de, Kunth Verlag Gmbh & Co. KG, München
Herstellung: Felix Robitsch, Mendy Willerich
Druck + Bindung: Drukarnia Dimograf Sp z o. o. (Polen)

Wichtiger Hinweis
Die Daten und Fakten für dieses Werk wurden mit äußerster Sorgfalt recherchiert und geprüft. Wir weisen jedoch darauf hin, dass diese Angaben häufig Veränderungen unterworfen sind und inhaltliche Fehler oder Auslassungen nicht völlig auszuschließen sind. Für eventuelle Fehler oder Auslassungen können Gräfe und Unzer, die ADAC Medien und Reise GmbH sowie deren Mitarbeiter und die Autoren keinerlei Verpflichtung und Haftung übernehmen. Alle Inhalte im Buch wenden sich an und gelten für alle Geschlechter (w/m/d). Soweit grammatikalisch männliche, weibliche oder neutrale Personenbezeichnungen verwendet werden, dient dies allein der besseren Lesbarkeit.

Ansprechpartner für den Anzeigenverkauf:
KV Kommunalverlag GmbH & Co. KG,
MediaCenter München,
Tel. 089/928 09 60

Bei Interesse an maßgeschneiderten B2B-Produkten:
b2b-kontakt@graefe-und-unzer.de

Leserservice
GRÄFE UND UNZER Verlag
Grillparzerstraße 8
81675 München
www.gu.de/kontakt | hallo@gu.de

Umwelthinweis
Nachhaltigkeit ist uns sehr wichtig. Der Rohstoff Papier ist in der Buchproduktion hierfür von entscheidender Bedeutung. Daher ist dieses Buch auf PEFC-zertifiziertem Papier gedruckt. PEFC garantiert, dass ökologische, soziale und ökonomische Aspekte in der Verarbeitungskette unabhängig überwacht werden und lückenlos nachvollziehbar sind.

Unterwegs auf Madeira

Korbschlitten von Monte

Mit dem Korbschlitten die Straße runtersausen ist nur auf Madeira möglich. Zwei Schlittenlenker sind dabei, einer beschleunigt, der andere bremst, wenn nötig. Von Monte geht es auf steilen Straßen bis in die Vororte von Funchal.

■ Details S. 36

E-Bike

Wer Funchal von Ost nach West erkunden möchte, ist zu Fuß lange unterwegs. Schneller geht es mit dem E-Bike. Nach kurzer Einweisung können Sie loslegen, oder Sie schließen sich einer geführten Tour an.

■ www.ebikemadeira.com oder www.happybikes.pt

Tuk Tuk

Aussichtspunkte vom Cabo Girão bis nach Garajau lassen sich bequem und luftig mit dem Tuk Tuk erkunden. Sie können damit auch zum Botanischen Garten fahren.

■ www.tukmadeiracitytours.com

Seilbahnen

Die Küste von Madeira ist steil. Die Uferbereiche sind größtenteils weder über eine Straße noch mit Boot zu erreichen. Mancherorts sorgen Seilbahnen für einen Zugang. Spektakuläre Fahrten gibt es an der Fajã dos Padres oder in Achada da Cruz.

■ Details S. 76 und S. 94

Fähre nach Porto Santo

Sie vermissen auf Madeira lange Sandstrände? Morgens setzt die Porto Santo Line zur Nachbarinsel über, abends geht es wieder zurück. Der Strand auf Porto Santo ist rund 9 km lang.

■ Details S. 135